图解 **精益制造**055

丰田生产方式
的逆袭

トヨタ生産方式の逆襲

[日] 铃村尚久 著

李清玉 译

人民东方出版传媒
People's Oriental Publishing & Media
东方出版社
The Oriental Press

图字：01-2018-3059 号

TOYOTA SEISAN HOSHIKI NO GYAKUSHU by SUZUMURA Naohisa
Copyright © 2015 SUZUMURA Naohisa
All rights reserved.
Original Japanese edition published by Bungeishunju Ltd., Japan in 2015.
Chinese (in simplified character only) translation rights in PRC reserved by
People's Oriental Publishing & Media Co., Ltd., under the license granted by
SUZUMURA Naohisa, Japan arranged with Bungeishunju Ltd., Japan through
Hanhe International (HK) Co., Ltd.

中文简体字版专有权属东方出版社

图书在版编目（CIP）数据

丰田生产方式的逆袭／（日）铃村尚久 著；李清玉 译.—北京：东方出版社，
2018.7
（精益制造；055）
ISBN 978-7-5207-0473-1

Ⅰ.①丰… Ⅱ.①铃… ②李… Ⅲ.①丰田汽车公司—工业企业管理—经验
Ⅳ.①F431.364

中国版本图书馆 CIP 数据核字（2018）第 149411 号

精益制造 055：丰田生产方式的逆袭
（JINGYI ZHIZAO 055：FENGTIAN SHENGCHAN FANGSHI DE NIXI）

作　　者：［日］铃村尚久
译　　者：李清玉
责任编辑：崔雁行　郭伟玲
出　　版：东方出版社
发　　行：人民东方出版传媒有限公司
地　　址：北京市东城区东四十条 113 号
邮　　编：100007
印　　刷：北京楠萍印刷有限公司
版　　次：2018 年 6 月第 1 版
印　　次：2018 年 6 月第 1 次印刷
开　　本：880 毫米×1230 毫米　1/32
印　　张：7
字　　数：121 千字
书　　号：ISBN 978-7-5207-0473-1
定　　价：58.00 元
发行电话：(010) 85924663　85924644　85924641

版权所有，违者必究
如有印装质量问题，我社负责调换，请拨打电话：(010) 85924602　85924603

• CONTENTS • 目录

第七章 短交付期才能让顾客得到 最大的满足 // 171

前　言

只追求流于表面的成本缩减，反而最后导致了成本不断追高，近年来，这样的例子在产业界内俯拾即是。

最典型的例子就是只考虑缩减人工费用，不假思索地将工厂移设到海外，但由于交付期以及品质等问题，只能在日本国内谋求解决之策。也存在虽然实施了一些提高生产积极性的作业改善，但对于开发、销售以及物流等部门的白领阶层的生产积极性改善却熟视无睹的情况。

此外，还有一些和我专业领域相关的案例。有的企业由于过度解读"丰田生产方式的绝妙之处在于没有库存"这一点，不仅放弃了必要的库存，给顾客造成了困扰，还使销售额以及利润大幅缩水。

为什么会有如此多的失败案例呢？

那是因为企业进行了以错误规范为基础的"改善活动"。虽然看起来顺应时势，应用着非常先进的自动化、IT化处理流程，但由于制造方式陈旧，不适应时代需要，因而造成了企业库存过多，甚至阻碍现金流动使得财务方面的情况不断恶化。

比如说，为了让产品更有效率地流向市场，企业采用电脑化管理，建设了现代化的物流仓储。即便如此还是时常发生交付期拖延的现象。那么这就不是"物流"而是"物留"了。现代化的仓库与工厂陈旧的生产方式、销售部门蹩脚的销售手段无法协调配合，从而使企业陷入了尴尬境地。

迄今为止，我还没有在媒体上公开过自己的言论。可以说，一直以来我是有意识地回避的。因为我觉得经营顾问作为"幕后"工作者，似乎不适合在公众场合抛头露面。

然而，这一次我出于某些原因改变了一直以来的信念，说服自己执笔著书。

最近，我发现关于丰田生产方式有许多离谱的解答，尚未理解丰田生产方式的本质就将其导入企业内部却迟迟不出成果的公司并不少见。

有时我想，能否凭借自己的微薄之力改变这个趋势呢？慢慢地这个念头在脑海中再也挥之不去了。

我是1976年（昭和五十一年）进入丰田汽车工业的，这也是作为社会人迈出的第一步。在我进入公司的三年前，日本经济由于石油危机大为受挫。1974年日本战后经济史上首次出现了负增长，也可以认为这是日本经济的一个转折点。不过幸运的是，我进入公司的时候，日本经济已经开始重振旗鼓，显现出了复苏的迹象。1976 年，大和运输公司旗下的快递产业的新兴，东急手创馆的成立等，让新型消费形态不断出现在人们的生活里。

丰田生产方式也是在那时开始受到世界广泛关注的。石油危机让许多一流企业跌落神坛、赤字频现，只有丰田持续盈利并且以惊人的速度恢复到原先的经营状态。为了探索其中的奥秘，许多学者以及媒体开始关注丰田的制造方法。

亡父是丰田的员工，是土生土长的爱知县丰田市人，从前经常听他说起丰田的历史。其实当初我进入丰田的保证人就是丰田生产方式的"创始人"大野耐一副社长（当时任职）。我的父亲可以说是大野先生的左膀右臂，为丰田生产方式的确立立下了汗马功劳。父亲的存在也被学术界知晓，在《丰田系统的原点》（文真堂，下川浩一、藤本隆宏编著）等书中也屡次提到了父亲的名字。父亲不仅在企业内部指导了丰田生产方式，并且也对合作分包企业进行过指导，退休之前一直是丰田生产调查室的主要调查人（部长级别），退休后转战经营咨询顾问，父亲于 1999 年逝世，时年 73 岁。

这里提到的"左膀右臂"，意思是父亲在以大野先生为中心，将丰田创始人丰田喜一郎所倡导的理念——"just·in·time"（将必要的产品在必要的时候生产必要的量）这个理念体系化的过程中作为"实行部队长"亲力亲为。在拙作中有很大一部分来自父亲的描述，我希望以这些描述为基础，继承发展下来。

虽然我并没有亲自接受过大野先生的指导，不过在进入公司不久后和他见面的情形现在依旧留存在我的记忆中。大野先生在视察的时候我跟随过几次。那个时候，他注视着生产线一直用洪亮的嗓门重复说着"不明白，不明白"，这似乎是他的一个口头禅，操着一口三河口音，不停地向部长、科长质疑。一来一回仿佛佛禅问答一般，实在有趣。

这句"不明白"，在丰田生产方式中占据非同寻常的地位，这一点我也是很久以后才明白的。

什么样的产品才是真正被需要的产品，才需要生产必要的量呢？

究竟怎样作业是合适的？

交付期是什么时候？

生产线的工作状况是正常的，还是异常的？

——这些问题必须让大家一目了然。这样，不仅可以在发生品质等问题的时候更容易找到线索，还会让解决之策更加清晰。

最近，有很多书都在说明工作现场"可视化"的重要性，其中不乏介绍丰田的工作方式特征——为何重复五次等的内容，这些书本中理论的根源都离不开大野先生的一句"不明白"，以及其中的思维方式。同时，在丰田内部非常受到重视的"5S"（整理 seiri、整顿 seiton、清扫 seisou、清洁 seiketsu、素养 shitsuke）也一样，如果不把工作环境打扫干净，其中的问题点就很难显现出来。这也是面对"不明白"时的一个解决对策。

丰田生产方式也被称作"TPS（Toyota Production System）"，现在已经普及海外。"kanban（看板）"以及"kaizen（改善）"等的一些关键词组也翻译成了英文。并且，不光是制造业，丰田生产方式还被广泛地应用到了医疗等行业的经营中。

丰田生产方式是地地道道的"made in Japan"的经营理念，这一点毋庸置疑。然而，丰田生产方式的原点并非日本，而是美国，然而很多人都没有关注过这个事实。

大概在 1956 年，丰田的管理层去美国视察的时候注意到了美国的超市，这成为丰田生产方式诞生的契机。丰田因为饱受战后经济不振的影响，在 1950 年左右发生了劳动纠纷，甚至一度陷入倒闭危机，因为朝鲜战争特需经济一直艰难维持。这样算起来，1956 年大概是丰田从困局中得以脱身的时候吧。

管理层回国后向大野先生以及我父亲等公司成员报告情况说："在美国，肉店、鱼店以及蔬菜店都被集中到了一处，就算周围没有店员提供服务，顾客也可以自由挑选，把选好的东西放进框内一并结账就可以了，而且店员们只需要把货物补充足就行了。"插一段题外话，这时我父亲问道："会不会有人不结账就拿起水果吃？"大野先生似乎回了一句："怎么会，美国人都是绅士，不会做这样的事的。"

从头到尾认真听了报告的大野先生开始设想，如果能把美国超市的运营方式应用到汽车生产上面，是不是会让生产更有效率呢？把必要的东西，在必要的时候，只提供（生产）必要的量，如果能达到这样的效果，就不会有浪费了。用时下流行的话说就是非常环保。

所谓"看板方式"（关于其运作原理书的后半部分有详细介绍），就是和超市里店员只补充卖出去的部分商品相类似。所以父亲他们最开始的时候，并没有把这个工具称为丰田生产方式而是称为"超市方式"。

我认为丰田生产方式并不是学术意义上的经营"理论"。虽然不能否认，这个方式在石油危机后备受关注，在片刻之间就成了研究对象，甚至有了一定的理论化进程。但是，这个方式从根本上来说就是大野先生和父亲他们在工作现场边走边看，为了解决问题而找到的对策。换句话说，是为了让企业存活下来的实践性的"智慧"，是抱着"不明白，不明白"这样的谦虚态度，尝试过无数次思考之后找到的一个有力工具。

在进入丰田之后，我被分配到了财务部，学习了制造原价管理。之后，进入第二购买部，学习如何提高出口量的海运效率化的相关知识，再后来进入了生产叉车等工业车辆的产业车辆部，负责生产、销售的改善活动，目的是缩短交付期。调任至生产调查部之后，对零件制造商们进行了丰田生产方式的培训，在销售业务部以及国内企划部任职时，通过缩短车辆检验时间提升服务体验，进行了一系列针对销售门店的改善指导工作。

我虽然是所谓的白领，但是也常常到工厂和销售现场去，一边观察、确认物品的运作方式，一边工作。退休之前的上司就是现在的丰田董事长丰田章男先生。1997 年，从丰田辞职作为经营顾问自立门户的时候，我对丰田先生说"因为要继承父亲的遗志，所以想辞去工作"，之后便递交了辞职信。1999 年成立了 F·P·M 研究所，涵盖了从食品加工到电子机械等几乎所有产业领域，跨越制造、物流、销售等一系列过程当中的所有经营改善工作，从事着广而深的指导活动。

仅仅剔除掉工厂的无用功并不能称为丰田生产方式，我认为谋求"销售的价值""送达的价值"等，从制造到销售的一贯的合理性才是丰田生产方式的出发点。

进入 21 世纪之后，日本的产业界可以说毫无朝气。特别是伴随着一部分电机制造商的衰退，日本制造业也失去了原有的竞争力。但是，只要能够矫正错误的思维，踏实地工作，日本还有希望。要有意识地鉴别过去的常识，构筑起新的规范，在这样的过程中，要不停地让自己思考"为什么"。

希望大家运用本书中的方法，修正错误的规范。

第一章——

质疑『常识』，打破常规

"看板方式"为什么屡遭误解？

　　我就是人们所说的，指导"丰田生产方式（TPS）"的经营顾问。其实我并不喜欢"丰田生产方式"这个词，也不喜欢挂在嘴边。听我这样说，想必读者朋友们会大吃一惊吧。

　　我从 1976 年进入丰田，分配到财务部（工厂原价管理负责人）以来，到今天作为顾问自立了门户，一直都在制造现场从事相关工作。至于为什么不想使用"丰田生产方式"这个词，主要是因为这个词不断地被人们曲解、矮小化。比如说，被视为 TPS 的代名词"没有库存的'看板方式'"，这个理解本身就是错误的（这个问题后面也有详述）。

　　此外，通过秒表以及摄影录像，花一点时间就可以进行的"作业改善"也常常被认为是丰田生产方式。

　　总之，我学习、实践的丰田生产方式和一般大众思维中的丰田生产方式之间有十万八千里的差别。确切来说，现在的丰田生产方式是一个"四不像"了。丰田生产方式的本质随着时代变迁发生改变，而且并没有被正确地向社会传达出这些改变。

　　丰田生产方式的本质无非就是重复"为什么"，无限接近课题的本质，对企业的构造进行改革。丰田生产方式的适用对象不仅局限于生产现场，从位于上游的开发到位于下游的销售，都可以利用这个方式重新审视自己，并进行紧锣密鼓的改革。此外，丰田的职员不用"丰田生产方式"这个说法，而把它叫作"丰田方式"。虽然只是去掉了"生产"一词，但恰恰表明这个工具并不仅仅适用于生产产品的现场。**我希望通过这本书告诉大家被逐渐遗忘的丰田生产方式的本质。**

如果能被管理层的诸位理解、消化的话，就是一件意义非凡的事情了。毕竟，虽然很多企业都在付费学习丰田生产方式，改善活动也如火如荼地进行着，但还是能看到许多不理想的案例。

比如，为了削减人工费用把生产业务转移到海外，导致交付期延长、成本升高等后果，虽然工厂的生产热情高涨，但物流效率十分不尽如人意，企业还得支付高昂的仓储费用，这些情况绝非个例。还有企业把削减人员作为首要的改善目的，导致许多员工产生"也许会把我裁掉"的不信任感，因此改革活动很难深入开展。

不管什么样的失败案例，在我看来都是一记"乌龙球"。虽然拼命工作，而且并没有丝毫的恶意，结果还是给企业带来了"失分点"。我注意到了这些情况之后不禁想道："如果大家能够把丰田生产方式的本质理解透彻，也许就不会发生这种乌龙了吧。"

从"单能工"到"多能工"

在这一节，我希望能尽量让大家理解丰田生产方式的本质，理解丰田生产方式是如何诞生的。关于历史，我打算以父亲喜久男的叙述为基础进行讲解，可能会和丰田正统的历史有所出入。

父亲从爱知县立工业专门学校（现名古屋工业大学）毕业之后，于1948年进入丰田，被分配到了生产引擎以及变速器的总部工厂机械部。他是第一届被分配到现场工作的大学毕业生，这在当时被称作"技术员制度"。进入公司时，主要的工作是把在现场工作的员工们团结在一起。

当时的丰田，聘请的是流动手艺人，工作过程中保持着师傅和弟子的裙带关系，采取分包的形式。那时，专业的工作人员只适应一种工作形式，即采取低效率的"单能工"形式，即便是使用机械，会用钻床的员工又不会用铣刀，总之，会使用多种机械的工人不过半数。

丰田长期以来一直维持在这样的状况之下。1950年朝鲜战争所带来的特需经济让丰田不得不大量增产汽车。在此之前由于战后经济不振、赤字频现，丰田进行过大规模裁员。所以，丰田面临增产的时候人手严重不足，而且正如刚才所述，以流动手工业者为主的低效率生产体制占有主导地位。

因此，我的父亲为了提高产量，改变了一人只做一种工作的体制，推动了让工人熟练操作多种工种的"多能工化"改革。由最开始的先让一人负责一台机器，逐渐变为一人负责多台机器，然后，开展让工人学习操作不同种类机器的"多工序管理"。

制造一个产品所需要的工人的单位时间为"人工时间（man hour）"。如果维持一人一台机器的话，那么"人工时间"就等于"机械时间"了。不过，只要在工厂观察片刻就不难发现，机器在运转的时候，人的工作就停止了，这段时间是无附加价值的。反过来，人在工作的时候，机器是闲置的。通过分离"人工时间"和"机械时间"，机器在运作的时候可以让原本休息的人去做别的工作，这样可以实现增产增收。这就是"多能工"的开始。

不光要负责一个工程，还要实现同时负责数个工程的话，这就需要对工人进行培训。如果可以熟练操作数个工程，哪怕某些突发状况导致其中一项工程停摆，也不会让工人失去工作，这个举措可以让员工在企业的地位更有保障。能胜任的工程越多，在工作现场越能受到重视。所以，**"多能工"是成为"熟练工"的敲门砖**。

请让我举一个看似无关的例子。请大家想象一下电饭锅的内胆盖。电饭锅煮饭的时候,这个内胆盖其实是闲置的。反过来如果使用内胆的时候,电饭锅煮饭的功能也不需要。其实煮大量米饭的时候,电饭锅和内胆盖在相互分离的状态下更方便使用吧。那么,"人工时间"和"机械时间"的分离,也是一样的道理。

如果再加一点的话,就是在当时的丰田,比起年轻的大学毕业生,工人们的工资要更高,父亲也经常回忆说:"工资袋的厚度都不一样。"当时,丰田的白领比较少,现场作业的员工占绝大多数。所以,从劳务成本的角度考虑,工资上的差别化对待也是为了提高工人们的生产积极性。

只不过,新的工作形式并不那么容易被大家接受。经常能听到有些家伙扯着嗓门说:"这种事情做不来!"就把父亲拒之千里了。父亲为了让自己熟练操作几种机器,经常在夜里进行训练,把自己当作范本让工人们跟着他学习"就是这样操作的",最后说服了大家。于是,高效率的"多能工"制度迈出了第一步。

现在,高效率的"多能工"制度是一种被企业广为采纳的工作系统,弄清楚这个制度为何能在丰田诞生,也是非常重要的。即便是丰田这样的企业,也在大时代的洪流的席卷下,在公司存亡之际被迫做出一种系统性的改变。

不要奉为圭臬，把它当作武器

那么，这个构思适用于现在吗？

请试想：作为经营者，自己所在企业面临的课题是什么？

按照时下流行的理论，企业对生产现场实行了非正式雇佣化以及离岸外包化的策略，所以，蓝领阶层的工资水平一直处于削减状态。同时，生产管理部、财务部、计划部、物流部、采购部等的管理部门不断地冗杂化。为了提升工作效率，现在我们应该重新审视蓝领的工作方式，如果不这样的话就很难改善企业的盈利状况，甚至会被时势裹挟，不得不面临生死存亡的窘境（这也是重要的课题，我们后面再探讨）。

不寻求本质性的解决对策，仅仅依靠着手中的秒表就试图提高员工的生产效率，是一种片面的改善活动。或者说只认准"多能工"这一条丰田的"常识"，就只从形式上来改善，这样是解决不了任何问题的。

如果彻底思考过企业本身需要什么样的解决方式之后，依旧不明白"丰田生产方式也只不过是一个可以加以利用的某种手段而已"，那么就无法实施真正意义上的改善活动。**丰田生产方式并不是用来信奉的金科玉律，对于企业而言是一种必不可**

少的"武器",需要我们彻底地进行灵活运用。

因此,否定不合时宜的常识,先问问自己能不能摒除先入为主的观念。如果做不到这一点,丰田生产方式就无法在企业扎稳根基,甚至有时还会弄乱我们改革的方向。

曾经,日本邮政采用过丰田生产方式,结果被媒体曝出工作现场陷入一片混乱。之所以会产生这样的后果,是因为企业没有正视自身存在的问题,盲目地将丰田生产方式导入组织内部。所以,我对于盲信、盲从丰田生产方式的现象有本能的抵触感。

陈旧的"常识"好比过时的系统（OS）

我想许多企业为了获得收益，会采用各种方式改革经营现状。公司全体成员团结起来一起努力改革，但还是没有达到预期的效果，于是在公司内产生了挫败感，大家会不由自主地认为这样做毫无效果白费力气，导致改革受到了阻碍，或者一下子又回到了改革前，这样的案例可以说多如牛毛。

"如果基本的思考方式是错误的，无论怎么努力都无法获得成果。"

这是从指导经验中总结出的心得。打个比方，这样的情况就好像维持着旧版电脑系统（OS），还不停地往电脑里安装新版的软件（AS）一样。OS 的更新是重要任务，我们却将其怠惰对待，导致 AS 也不能正常运行。

如果在新时代导入 AS 的话，我们首先应该从 OS 的更新改善开始努力，这是一条大原则。

也就是说，如果我们被公司内陈旧的"常识"束缚住了手脚，不能改变不合时宜的常规（基本的思维方式以及进行工作时的组织架构）的话，无论怎么努力也是水中捞月。

在本章中，我想介绍一下我在指导时的 5 个基本着眼点。

这 5 点都是未被"常识"束缚，处于思维"死角"的一些问题。如果能在这些方面多加注意进行改革的话，能很容易取得成果，所以，这 5 点也可以理解为获得盈利的基本原则。

让"仓库"告诉我们公司的实力

第一点。**脱销引起的"缺货",滞销引起的"库存过多",其实这两者的产生原因是一样的。**这个问题哪怕是长期从事生产相关工作的老手也会忽视,问题的本质潜伏在深层。请允许我介绍一下其中的构造。

2013 年的秋天,我的一位朋友,也是企业的经营者,向我求助说:"有件事情必要请你出马。"所以,我走访了一家位于偏远乡村的医疗用品生产工厂。我去过佃煮、乌冬面、糕点、健康器具、照明用具、自动贩售机……几乎所有行业范围的制造现场,不过医疗用品的企业的确是第一次。

我听了负责人的介绍说明,又在现场看过了实物。经过确认发现,产品在橡胶材质等基础性能方面都是一样的,除了企业品牌,自主品牌(PB),以及面向药妆店销售的产品、出口的产品等按照顾客的要求不同,规格也不相同。这些产品在包装上略有区别,因为,即便是同一个系列的产品,为了便于管理,还是把商品号增加到了三十多个。而且,种类不同销量也不一样,所以同一系列的产品经常会发生一种缺货了,而另一种库存过多的情况。

他们带我参观过仓库后我发现,现场的工作人员单手操作着小型电脑设备,管理发货,电脑数据会发送到生产管理部,然后从生产管理部发回生产指示,这样的系统乍看之下非常合理。但即便如此,还是经常发生缺货或者库存过多的情况。一位管理层的干部对我叹息道:"我们花了几亿日元投资设备,引进公司内部 LAN 网络和一种通过电脑操作的库存管理系统,但依旧时常缺货,负责人焦头烂额一边在工厂内暴走一边想对策。所以这不是公司内部'LAN'而是公司内部'RUN'啊。"

不过,我只看了一眼仓库就明白了,在这种状况下发生缺货一点都不奇怪。因为,产品的流程没有实现"可视化"。

负责人用电脑管理库存,但是电脑屏幕上只有几行数字显示着商品号,没有展示出具体的商品名称和进货渠道。实际上,管理发货的人并不清楚卖出了什么产品,只是瞎指挥。而且,电脑数据并没有立刻发送到工厂,而是在有限的时间内被集中处理,因为是"成批处理"的数字,所以发回生产现场的数据是几个小时之前的。也就是说,看似是实时动态的,实则是静止不动的数据。

因此,我向他们建议,在仓库内设置"备货区"。

何谓"备货区"

所谓的"备货区"就是，不论是零件还是产品，都按照某种规则储存的场所。我按照原本的丰田生产方式，将满足以下 5 个条件的地点称为"备货区"。

①即便是对操作不熟悉的人也可以轻松取放，将物品总是存放在固定区域。（定点化）

②不论是物品还是地方，放置了什么东西有明确的标志。

③不需要拼命翻找，分门别类地放置。（比如说在超市经常把鱼、肉等生鲜食材放在靠墙一侧）

④按照进货时间摆放，按照摆放顺序可以方便下一道工序取用。可以实现"先进先出"的结构。

⑤设有看板，不容易发生缺货的结构。

虽然有 5 个条件，但是都不难做到。一言以蔽之，"备货区"就是一种谁都能看懂这里放了什么东西，什么东西的库存开始减少了的地方。

那么，这家医疗用品制造商也一样，首先把产品的放置地"定点化"，把产品名称、进货渠道、数量等信息展示做到一目了然。把胶带纸贴在地面画线，分割开存放区，以不同颜色的纸区分不同的产品，为了防止纸破再贴上透明胶布，步骤就是这么简单。因为立下了规定，在这里存放的产品只有 5 天的量，并且，每种产品的过量、不足都进行了可视化，所以有在库过多或者马上缺货的情况能立刻察觉。按照这样的方式改变之后，现在的生产现场可以每天根据销量的大小当场做出调整，视当日情况进行增产或者减产。

胶带纸和纸张的费用，不过几百日元。仅仅是设置了一个"备货区"，就可以让管理发货的负责人亲自看到卖出了什么产品，并将这些信息即时传达出去。缺货问题只用这一招就可以应对了。

要想更加高效地管理销售额和现金流就必须导入电脑系统，将网络作为制造业的有力武器显得十分重要。但是，跟随"潮流"，盲目地进行高额投资的同时，如果连几时几分、何种产品销量多少、购买方是谁等这些信息都不能准确把握，库存问题就不会消失。

我指导的目的在于把复杂的事情简单化，创造盈利的机制。但是，如果逼迫大家重新审视一直以来的作业方法，公司内部一定会产生"抵抗势力"。我甚至见过一些人出现了过激的反应，他们建议大家重新审视规则的同时，还把固守旧规则的人的人格一并否定了。这个倾向，越往公司高层走越严重。

非常遗憾的是，那家医疗用品制造企业的年轻员工虽然积极地设置"备货区"，并且将产品制造流程"可视化"，但是很多人遭遇了挫折，在失望之下离开了公司。改革之火刚刚燃起就被扑灭了，实在可惜。

　　与此相反，也有许多经营者非常支持这样的变革，将大家的生产积极性激发了出来。作为顾问自立门户的 13 年前，我受托去 PIP 公司进行指导，这家企业因"PIP ELEKIBAN"名声大噪，该公司同一个产品系列有许多不同的品种，所以也存在缺货和库存剩余的问题。通过导入"备货区"的方式，并进一步优化改革方案，问题最终得到了解决。

有库存却"缺货"的原因是什么？

去形形色色的企业进行过指导之后我发现，不管什么行业，销售和工厂之间经常会发生"分歧"，总经理职位以下的经营者们经常为此发愁。此类分歧的引发点大多是以下情况。

"我们公司因为缺货较多，机会损失也多。所以，逐渐失去了顾客的信赖。被竞争对手抢走了订单，业务的开展变得不太顺利……有没有什么有效的解决对策呢？"

几乎所有的案例中，在没有找到有效对策的情况下，销售就强迫工厂"赶紧多生产"，而工厂会找各种借口拖延怠惰，迟缓应对。

大多数这样的公司如果换个状况的话又会哀嚎道："这回是库存过多，现金流太紧张了，所以一定要做点什么减少库存，请告诉我解决办法！"

增加库存可以应付缺货。但是这次的问题是，增加了库存又把现金流弄得紧紧张张。到底是应该解决缺货，还是应该减少库存呢，大家众说纷纭难有定论。那么读者朋友们，你们认为应该优先解决哪一个问题呢？

实际上，这个问题和"先有鸡还是先有蛋"是一样的，根本没有意义。只要不正视缺货或者库存过多的根源性问题，就很难走活这盘棋。因此，首要问题是应该探究深层次的原因。

我经常会对因为缺货问题而忧虑的经营者们抛出一个问题：

"贵公司 A 产品系列全部的库存有几天的量？"

经常会收到"60 天""一个月"等答复。

难道不觉得不可思议吗？明明发生了缺货的问题，但还是有库存。自相矛盾的原因是，即便产品的性能一样，也是同一个系列的，但如果商品号不一致的话，就不能视作同一件产品。

照明器具以及化妆品、食品等行业内，虽然都叫作"A 产品"，但由于规格、包装等细微的差别，即便是材料一样也分为公司品牌和自主品牌，为了更好地区别也会将产品群扩展为数百个"商品号"。汽车也是一样，虽然都叫作"卡罗拉"，轿车车型和客货两用车型的不同，再加上颜色内饰等细微的差别，商品号也非常多。

缺货以及库存过多的原因是没能管理这些细分的产品类型，而并不是工厂的生产力低下。

那么，缺货究竟是因为什么呢？

实际上几乎所有的企业，产品库存数是按照一定的数量进行推移的。经营者的脑袋里会想当然地记住在库数量，这个数字大多是"A 产品"系列的总数，而每个商品号对应的库存数量别说经营者了，连负责人都不一定会记得。

一般来说，A 产品系列的整体生产计划是根据以往的销售情况等数据算出来的，是一个大概的数字。但是，受流行趋势或者气候条件等因素的影响，即便是 A 产品也常常会因商品号不同而产生库存量的差异。因此，A 产品系列整体的库存虽然充沛，但个别商品号也会发生缺货或者库存过多的问题。

原因是每个商品号的生产量和销售量都不一致。虽然是一件非常简单的事情，但依旧有很多经营者和管理层的人不去直面现实而是一个劲地强调"我们投资了最先进的设备，工厂能力不会不足"或者"我们将电脑管理扩充得更全面了，不会有失误"，这就是以预测落空为借口来逃避责任。

今后的大时代，会是一个需求多样化的时代，商品种类会愈发增多，也确实存在商品种类增加的趋势。也许今后会更加难以避免地发生生产和销售不一致的情况吧。

在这样的时代中，不寻求根本的解决对策，只期盼着随着时间的推移工厂的生产积极性能不断提高，营业员那么汗流浃背地应对顾客，还是逃脱不了"缺货，库存过多"的恶性循环。这就是"无效忙碌"。

我们的目标是"接单，立即交付"！

那么，根本的解决之道是什么？

可行的办法有两个，可以二选一。第一，提高对市场需要预测的精确度。第二，订单来了之后，根据现实状况响应迅速地进行生产。

但是，**能进行"精确的需求预测"的公司我还没有见过**。在现实中能进行精确的需求预测可以说是天方夜谭。我在丰田工作的 23 年中，一直在靠近现场的地方工作，之后又作为经营顾问自创研究所，这段经历也有 15 年了，其间指导过各种各样的行业，接触过各行业所要面对的顾客群，因此有足够的依据下这个判断。

所以，是否能对订单迅速地做出反应，显得尤为重要。在提高收益率方面，这个方法更合乎实际。

解决库存过剩问题的时候，依然有很多人被错误的思维束缚着。"我们公司从预测生产变为接单生产了。这是削减库存的正确方法"，这就是错误的案例。接单生产，是接受了顾客的订单后进行的生产活动，常常会牺牲掉要求交付期限短的顾客的需求。总之，会把生产的问题推给顾客。

基本上，只要不是游刃有余地应对接单生产的话，难免会让顾客等待。如果还有别的竞争对手虎视眈眈，他们只要在交付期上做一点改进就能撬走你的顾客了。这样是做不成生意的。

那么，为了不让顾客为难，我们该怎么做呢？实际上"只要把畅销的商品备足库存就行了"。我之所以尽可能地避免使用"丰田生产方式"这个词，是因为"丰田生产方式＝没有库存"的错误思想太过泛滥了。**为了顾客，也应该持有一定量的库存**。根据自己公司的能力，把全部产品种类保有少量的库存，就足以应对订单需求了。因为有产品，所以可以立刻发货。

最重要的是，对于库存减少的状况，如何进行快速、细致的应对，怎么建立应对机制。这里有个大麻烦，就是生产计划。由于生产计划是根据月度或者周度进行生产线人员或者材料的调拨，所以，如果不能实时动态地应对每天销售的变化的话，就容易产生缺货或者库存过多的问题。反之，如果能够做出迅速的应对，根据在库数量立即交付产品，在库存告罄之前立刻将能够销售的产品生产出来，然后补充足库存就可以了。（这个机制也叫作"后补充"，这个能够在不给顾客造成麻烦的前提下进行"接单生产"。"后补充"非常重要，在本文第四章里有相关案例，到时再详细介绍。）

不论是汽车还是家电产品，**我认为建立"接单，立即交付"**

的商品供给机制才是最理想的状态。在吃牛肉盖饭或者寿司的时候，只要下了订单就能立即端上来料理，这就是"接单，立即交付"的形式。这样能最大限度地满足顾客需要，也是我作为经营顾问的一个信条。

要警惕分包成本

第二个问题点是,**"离岸外包(分包)的成本是真的很低吗?"**

最近为了削减成本,由原来的自己公司生产的"自制",转变为将生产交给租金更为低廉的合作企业,不仅如此,还加快速度设置海外的生产据点。几年前一直在中国和泰国设置工厂,最近市场自由化不断加快的缅甸也受到业内关注。

但是,这作为提高生产收益的选项之一,真的是合理的吗?真的能帮我们削减成本吗?为了不让大家误解我先说明一下,我并不是反对将"地产地销"型工厂设置在临近消费市场的海外,而是对于只着眼于削减人工费用就把生产转移到海外,然后花费高昂的物流费用再特意内销回日本的做法带有疑问。

在考虑这个问题时最重要的是,在同一产品的情况下,要比较自己公司生产的"自制原价"和委托给分包企业的"分包原价"。一般分包原价比较低,企业出于对利益的追求会不假思索地选择分包。但是,如果对看似合理的做法进行深究的话,会发现其中有许多疑问点。

丰田任职的时期我在财务部从事过成本核算,以那时的经验来看，本应该在分包原价中体现的成本，往往会体现在公司内生产的自制原价里面。比如说，购买零件的采购部，以及交接验收的人工费用，都包含在自制原价中。如果是分包的话，文书报告、验收、应收账款和赊销的管理，这些费用也会伴随而来。交给分包方的零件需要检查和包装，还需要制作送货函，接受方也需要进行开包查验、放入仓库，完成生产后送回货物时进行包装等方面的作业可以说是非常繁杂。如果增加分包，那么管理成本的增加也是无法避免的。

这样一来本应该由分包承担的成本，却变成了自制品的成本，这件事本身就值得怀疑，估计外行人一看也明白哪里奇怪。再加上海外生产的离岸外包成本中，还包含两国汇率的管理等各种杂项事务的人工费用，这些也会体现在自制原价上。

如果这样缜密地过滤一遍流程，就难免会产生疑问，分包真的能降低成本吗？请允许我下一个结论，**为了谋求低廉的人工费用而利用分包，会增加总公司财务部以及采购部等部门的白领的工资费用，这绝不是正确的成本削减方法。**

把分包拎回"内部"

这里还隐藏着一个根源性的问题，在第一点也指出过的"应对能力"的恶化。

不管是自制还是分包，即便是在国内有生产现场，明明生产体制没有能力管理库存问题还把生产据点移到海外，会产生什么后果呢？如果从国外的分包方送来零件或者材料的话，中间的准备时间就会拖得非常长。在国内的话还能花几天尽量调整，不过也经常发生拖延 3~4 个月的情况。

正像前面叙述过的，如果构建一个机制，可以尽量缩短准备时间，可以达到迅速应对的话，会给提升企业竞争力带来很大的好处。

延长投产准备期毫无益处。不仔细计算这样做会给企业带来多大的弊端，就被低廉的原价计算蒙蔽双眼，盲目地滥用离岸分包这个举动十分危险。

如果无论如何都想降低人工费用的话，那么可以让分包企业进入到自持工厂，这样可以达到缩短投产准备期，抓紧投入生产的目的。这样一来，可以省去用卡车交付零件、材料，以及搬运产品等无谓的工序。

原本生产就十分费功夫，有时又要求少量多种，如果想着把复杂的东西一并交给分包处理来谋求削减成本，这个想法就是错的。按照一般理论，制造分包产品的承包商的管理层面要比发出分包订单的大企业更加脆弱，生产现场的品质管理能力也不高。把复杂的、少量多种的产品生产交付给这样的企业，能放心吗？其实应该转变一下想法，不如把少量多种的生产交给拥有待遇优厚的行政部门（虽然并不是一个好现象）的总公司来生产，分包公司只负责一定量的、比较单纯的生产，以缩减管理费用。不需要让分包公司负责复杂的管理，他们只专注于生产就可以了。

重要的事情要再重复一次，**为了削减成本，随意使用分包，进口在国外生产的零部件，并不是正确的经营决策**。急需改善的点在于其他方面。还要加以阐述的问题之一是没有附加价值的办公室白领们的低效率工作方式。提高他们的生产积极性也会提高效益。关于这一点，第五章还会做详细介绍。

让顾客"等待"就是强迫顾客"忍耐"

第三个关键点是关于"交付期回答"的含义。

就是把"快速对应"做到极致。但是,很多人认为,在知道答案的情况下,按照推导出问题答案的思路,给出一个正确的交付期回答就能让顾客满意了,其实这个理解是错误的。

我理解的最高程度的顾客满意度就是"不让顾客等待"。如果能把这一点做到极致,其实根本不需要做什么"交付期回答"吧。虽然意识到交付期回答并不是一件坏事,但不要满足于这个阶段。

让顾客等待给顾客带来困扰的一个典型案例是很久以前的一家医院。

虽然一大早就挂了号,但一直到医生喊号把病人叫进诊疗室为止,竟然需要三个多小时。最近的医院已经改善很多了,在从前总是会让病人们——这个特殊的顾客群体等待过久,连"交付期回答"都没有。

如果比起这个程度的交付期回答,能够给出答案的企业已经好多了,但还不能称为提升顾客满意度的举措。

交付期回答的本来含义是发表宣言,即"交付到顾客那里所需要的时间"。所以，即便给出了交付期回答，只要存在短时间和长时间的分别，还是会有顾客等待。

收到交付期回答的顾客的反应一般有以下两种。

一种是"要等这么久简直不可理喻，我不在这儿买了，到别家看看"。这就是接单失败了。

另外一种是"没办法，只好等着了"，接受了给出的交付期，订单也成立了，但还是强迫顾客等待了，并没有解决这个问题。

由于天气恶劣或飞机晚点等，乘机等待延误的航班是常有的事。每当此时，机场会和旅客解释："尊敬的旅客，您所乘坐的航班晚点一个半小时，请您谅解。"我时常会嘀咕："没办法谅解，但也只能忍着。"航空公司在飞机晚点的时候，没有作为道歉将机票打折，也没有提供餐食。它们希望顾客做到的不是谅解，而是忍耐。其实，没有对顾客的需求做出及时的应对，就是强迫顾客等待。

如果我在委托方企业跟大家这样说的话，立刻会有人反驳我："不回答交付期，或者根本不要顾客等待的企业压根不存在吧！"但是，请大家仔细回想，在我们身边有数不胜数的企业不需要交付期回答，就能购买产品、提供服务。作为典型之一就是快餐厅。它们不需要顾客等待。

去车站的立食荞麦面餐店的话，如果我点一份天妇罗荞麦面，只需告诉店员"我要一份天妇罗荞麦面"就可以了，根本不需要加上一句"荞麦面什么时候能做好?"来询问交付期回答。因为我们知道这家面店很快就会出餐。在麦当劳点汉堡也是一样的道理。

不论是汽车、家电还是食品加工，所谓的提高顾客满意度就应该朝着这个方向努力。

我们所说的回答交付期，就是"明确告知对方忍耐的时长"，希望大家能意识到这一点。让顾客等待就好像是最低水准的礼貌一样，并不能够从根本上提高顾客满意度。

"囤货" 有百害而无一利

第四点，"囤货" 机制中存在的问题。可能对于外行人来说这个词有点陌生，但对于在生产管理或者销售等商业最前线工作的人们而言，是一般用语。这里所谓的囤货是指，双方处于商谈阶段还未达成合约的时候，为了能够在签订合同后立刻发货，销售会预先占一部分库存商品，提前为自己保留库存。

但是，"囤货" 这个词在我的 "常识" 里面并不存在。因为，所谓囤货的机制是多余的，是有百害而无一利的。

那么，为什么所有的企业都存在囤货机制呢？那是因为企业基于不正确的需要预测，进行了计划生产，从而导致了缺货或者库存过多的现象，而当这种现象已经变成 "常态" 的时候，人们就慢慢习惯了。在第一线的销售员接到顾客的订单的时候，会觉得万一缺货就麻烦了，而感受了强烈的不安，会怀疑顾客指定的商品（商品号）是不是有库存，于是慢慢地养成了在商谈阶段 "霸占" 商品的习惯。支出这样一笔让销售 "放心的费用" 而进行囤货的企业非常常见。

让我们看几个案例。

比如说，某企业现在库存为 100 个。其中囤货用途为 90

个，那么实际上的有效库存只有 10 个。因为这 90 个只是预先占额度的数量，并不能理解为已经签订合同即将发出的产品。但是，如果这期间有别的顾客来公司说："我特别着急，需要 30 个产品。"就算接到了这样的订单，库存也只有 10 个，并不能全部安排发货。这 90 个产品什么时候可以卖完，或者说到底能不能卖都不知道。这个时候如果能立即发出这些产品就不会给任何人带来任何不便了。这个问题可能会导致企业流失顾客。

在实际指导的案例当中不乏被这个问题困扰的公司。

在某家制造自动贩售机的公司，预计销路不错，销售方面也为了发货方便进行了一定量的囤货，最终导致库存堆积如山。即便如此，这家企业营业额下滑的理由居然是"没有库存，所以没法接受订单"。

对于没有责任感的销售者来说，再没有比囤货更方便的机制了。对于销售来讲，最应该避免的就是机会损失。为了回避这样的可能性，对于不知道什么时候能卖出去的产品就急着霸占，说一句"暂时预备着"，因此而产生的库存管理等麻烦事都交给其他部门了，其实这是一种非常自私的明哲保身之术，动不了自己的一根毫毛，只有公司会蒙受损失。

有的公司，不仅销售人员会预先囤货，甚至还会设置专门的部门或者安排专业管理人员。因为在这些公司有不成文的规定，如果不进行备货，即便有库存也不能发货。经常能听到这样的事情，不进行囤货的 A 分公司拜托有囤货习惯的 B 分公司，希望能将商品筹措到 A 分公司，简直荒唐。

新旧更替时才更要注意！

　　第五点。**如何应对新旧产品的更替。**作为制造商，只要制造产品，就有遇上产品更新换代的时候，商品改型、更新、包装设计变更等问题也随之而来。这里存在一些意想不到的陷阱。

　　比如说，有很多公司为了用完剩下的材料，会同时生产新旧两代产品，这样的做法究竟是不是正确的呢？

　　如果把新旧产品同时陈列在店面，而且价格一样的话，一般来说消费者不会购买旧产品。按照业内常识，如果不给批发商20%~30%的折扣的话，旧产品也不能成交。面向消费者的零售行业会谋求更低的折扣，因此，有积压风险的不仅仅是零售商，其实批发商和制造商的风险更大。

　　接下来，我将举一个速食面制造商的例子，然后进行具体的说明。

　　这家公司的产品规格是一袋产品300克，20袋为一箱，3000日元左右卖给批发商或者零售商。换代之后，小麦等原材料可以继续给新产品使用，但是，新产品的包装设计已经焕然一新。所以，为了把库存里旧包装的塑材都用完，公司决定新旧产品同时生产。

假设旧产品按照原价的 80% 卖给批发商，一箱大概会便宜 600 日元。在库的包装塑材等费用平均一箱旧产品分包装成本为 60 日元。因为太可惜这 60 日元，所以不惜降 600 日元销售。

这种情况下，更明智的做法应该是将旧包装材料做废弃处理，立即停止生产旧产品，只专注于新产品的生产。

明明是小孩子都能心算出来的数学问题，为什么这么多企业都不知道呢？

因为在企业里没有人能看清楚大局，没有人能宏观地把握为了企业的利润应该怎样制造，怎样销售。产品制造，其实除了制造之外还牵扯着采购、销售等方面，企业的各种职能都参与其中。但是，如果没有大局观，只着眼于单个部门的利害关系的话，就容易走进死胡同。此外，许多进行改善指导的顾问通常也会将改善细分为"销售改善""物流改善""生产改善"等方面。但是，我的指导方针是使从制造到销售这一动态过程中的机制结构可视化。

这家速食面公司应该反思两个问题。

第一，旧材料一旦用完就生产新产品的这个决断本身，忽视了旧产品会变成积压库存的风险，十分不合理。

第二，为什么会剩下旧包装的塑材。因为塑材入库之前的投产准备期太长。一般这样的塑材的投产准备期最长为 3 周。

因为塑材公司还要向上游企业批发"卷材"再进行生产，交货。

塑材的原料"卷材"本身适用于各种各样的包装类型，是用途广泛的一种材料。不过，那家速食面制造商并没有对自家公司产品的分包装进行统一，所以，"卷材"的厚度和规格都不一样，连黏着剂使用的材料都不同，结果变成了定制的原料。对塑材制造商来说，如果速食面制造商不买自己的产品就会积压在仓库里，所以只能接单生产进行特殊商品定制，因此，交付期也延长到了3周。

幸运的是，那家速食面制造商的总经理的意识比较超前，每次发生问题的时候都会深究其原因，积极推进改革，所以能够看到公司正在一点点回归到"正确的制造"上。统一包装无疑是必须进行的一步改革。

食品、杂货的中坚企业之中，经常能看到类似的案例，但是能进行积极有效应对的企业并不多。更新换代或者商品改型等新创意的运用却时常发生。但是，为了用完材料继续生产旧产品，不扔掉旧材料的举措可以说是毫无意义的，甚至是会带来损失的决定。

以上的5点都是大家容易忽略的问题。为了注意到这些死角，我们必须转换自己的思维角度。

质疑商界惯例的"常识"，大家一起分享智慧，如果能改变一直以来的机制，就可以实行所有层面上的改善活动——这就是我的哲学和信念。

▎第一章要点

- 不要把丰田生产方式当作金科玉律来信奉，要把它当作武器运用
- 如果不改变模式，一切就都会化为泡影
- 造成商品售罄的"缺货"和库存过多，它们产生的原因是一样的

第二章————

销售『时机』

采购三要素

在写关于国内电机制造商现状的时候，我想到如果日本制造业的业绩持续下滑，对于下滑的理由国内的报纸和杂志等媒体一定会有自己的分析，我经常能听到他们宣称"因为产品进行了必需品化，加快了价格竞争，所以收益率不断下降"。所谓"必需品化"用比较笼统的概念来解释，就是所有的企业都缩小自己产品的差异，以达到取得价格优势的目的。最具代表性的就是电脑以及电视机等一部分生活家电。

但是，如果将商品必需品化，形成价格竞争，真的会降低收益率吗？

对我来说，这个理由更像是"借口"。到本章节为止我一直在说明快速应对是多么重要，**其实只有必需品化了的商品才能让企业更快速地做出反应，可以和别的企业形成差异化竞争，才能更好地产生收益**。我认为，必需品化的发展才是机遇，其中蕴含着巨大的商机。

在此之前，让我们先考虑一下销售产品的三个要素。

"为什么我们公司的销售额一直提升不了？"被这个问题困扰的企业应该有很多吧。我在工作现场遇到过数不胜数的相似案例。

这个时候才更需要我们转变思维。把着眼点放在买方而不是卖方身上的话，往往会出现意想不到的效果。

消费者之所以会购买一件商品主要是基于以下 3 个原因。

①考量产品性能和品牌后觉得喜欢而购买

②因为价格便宜购买

③正好在想要的时候出现

①的情况，比如抱有"想要一台燃油费比较低的混合动力汽车"等这样的目的时，会有预期地购买商品。如果是混合动力汽车的话，既有丰田产的也有本田产的，顾客会将机能性作为判断基准进行优先考虑。有的消费者说"我想坐奔驰"，那么这是评价某个品牌后进行的消费行为。"我想要路易斯威登的包包"等情况也一样。

②的情况，比如超市的酱油大减价，虽然现在不需要酱油也会买上好几瓶。美国企业 3M 商标的产品"便利贴"是一种可自由粘贴自由取下来的便签，现在已经成了一个代名词了。在百元店也有类似这种"能撕下来的便签"的产品，价格是 3M 的一半。只要不是非常注重品牌或者细微差别的人一般会在百元店购买吧，这就是价格取胜原则。

很多制造商不断锤炼自己产品的品质，降低价格，开拓

"粉丝"群体,树立品牌形象。

但是对于③时机的问题,很多制造企业都没有注意过。如果回顾一下日常生活体验,就会发现我们在逛街途中 "正好遇到了" 的情况非常多。

比如在买瓶装茶饮的时候,自动贩售机以及便利店里一瓶 150 日元左右的茶在超市或者药妆店只卖 100 日元。但这个时候你已经口渴得受不了了,看到自动贩售机就像看到了救命稻草一样,也顾不上考虑价格的问题了。应该没有人会忍耐着继续找超市吧。因为,对于口渴的人来说,即便是价格略高,也会选择自动贩售机这个 "适时" 出现的选项。

看过这三个理由之后,大家有什么感想吗?在不考虑极端案例的情况下,消费者一般会选择这三个理由的其中之一或者重叠选择来进行消费。

不考虑产品性能和品牌效益就盲目消费的情况应该不存在。价格和交付期也会考虑在内。三个理由互相关联,最后消费者会根据自己的价值观和钱包厚度做出选择。当然,如果强调某个特定的要素的话就会 "牺牲" 掉别的要素。比如,"如果不是 BMW 的汽车我绝对不买" 的消费者,去门店买车的时候即使被告知需要等待半年以上,那么他们也会选择等待。这样一来就牺牲了 "时间" 这个要素。同时,今天的晚餐原本打算吃幕内便当，这些便当会在关门的时候半价处理，于是在那个时间去了百货店，结果发现半价的便当只剩下炸猪排了，最后没有办法只好买炸猪排便当。如果早点去的话，还能赶上半价的幕内便当的。这就是优先了价格，抑制自己诉求"机能"的例子。

"用时机促销售"是什么意思？

那么，再试着思考一下第三点中提到的"利用时机销售"的含义。

深入思考一下就会发现，卷入价格战之中的话，就算是不被消费者熟知的品牌也会有销路。我作为顾问，向许多企业传授过这个"时机创造法"的诀窍。关键点在于要否定不合时宜的常识，建立新的机制。如果顺利的话，这并非难事。

"为了提高业绩必须有更畅销的新产品"，我经常看到企业经营团队这样鼓舞大家的干劲。但是，只开发出新的、好的产品，解决不了任何问题。经常会发生交付期延期给顾客添麻烦，销售手段太稚嫩最后不得不降价处理的问题，在现实中，只有寥寥无几的企业能通过这些手段提高收益。重复着这样的失败还没有倒闭，那是因为业内的竞争对手们的水平也差不多。

反过来说，假设新产品开发能力不足，或者产品已经进行过必需品化的企业，他们的交付期如果比别家更早，就稳赢了。这意味着，掌控时机的能力补足了开发能力的短板。

下面我介绍一下指导过的四家企业中的案例。这些企业都进行过产品必需品化，都通过"时机力"增加了工作量和收益。

"时机力" 可以让价格竞争力更上一层楼

"尽早交货" 是我的一张王牌，也是在丰田工作的经历中积累起来的宝贵经验。"时机力" 可以提升价格竞争力这个道理是我在叉车蓄电池的业务中领会到的。蓄电池是典型的必需品化产品之一。

我造访的蓄电池制造商 S 公司，几乎一半的流水线都是用来生产新车用蓄电池的，剩下的则用来生产补充零件。所谓的补充零件就是用来替换的零件。蓄电池经过长期的充放电，产品性能大打折扣，必须定期更换。就像手机一样，需要定期换一块新电池。叉车也不例外。

只不过，叉车的电池型号即使一样，新车电池和替换用电池的价格也不一样。新车电池可以便宜进货，而补充零件就卖得贵了。对于制造商和门店来说，替换用的电池是非常重要的收入来源。对于顾客来说，电池性能减弱会让叉车运行异常，给业务带来不便，一般会要求赶紧送来新的电池，所以，制造商如果能立刻发货就好了。

当时的状况是，替换用电池虽然有库存但还是需要三天左右，如果没有库存的话就需要 3~4 周了——这是业内的 "常识"。不过，包括上市之后很久的、旧型号的剩余产品在内，仓库里有大量替换电池的制造商很少，而且由于销售模式时常发生改变，替换用的补充品还经常断货，所以在很多情况下都不得不让顾客等待。

之后，丰田自己进行了公司内指导，改变了电池的生产方式，应用了一种新的体制让短交付期成为现实。

当时，作为负责人的我，选择了合作制造商三家之中最小的一家进行了指导。具体的指导就是先前叙述过的，向企业内导入"备货区方式"，利用这个方式的话，多工序之间只有中间在库，而不存在库存了，各工序内部可以非常自律自发地补充零件。导入这个系统，构筑了立即交付的机制。现在回想一下，已经自立门户的我，指导了这么多的企业，具体的指导方法还是从那时候确立起来的。

从结果来看，指导 S 公司的一年之后，无论是型号多旧的电池都能在 3 天之内发出。进一步推行改革之后的一年，S 公司能做到上午接到顾客的订单，1~2 小时就能发货。

如果开始宣传"如果十分着急的话，上午发来订单，有的地区傍晚就能送达"，就会发现销售实现了井喷式的增长。有时候，不仅仅是制造商送货，有的顾客还会说"我自己来拿"，就派来卡车自己取货了。还有的企业为了感谢发货及时，特意送来点心之类的小礼物。

原本 S 公司在改善之前是 3 家企业之中市场占有率最小的一家，实现了短发货期之后，上升到了前列。三家企业的电池从性能上来看并没有太大的区别，就是所谓的必需品化了的产品。所以，不论用哪一家的都一样，经常会拿到折扣价。

但是，S 公司通过短交付期实现了差别化经营。泡沫经济崩溃后，日本经济持续不景气之中，唯有这家公司实现了减产增收。新车减产之后，新车用电池的产量也随之减少，但收益率更高的替换用电池的销售额却在增加。

日本电机制造商们，一直维持着低收益率的必需品化产品生产，以维持以温饱为名过着温水煮着青蛙的生活。即便是努力维持业绩，削减成本，还是有局限性的。就算是卖出去了一些产品，还是赤字频发，最后退出市场或者出售业务，似乎只有这两条路可走了。但是，以 S 公司为范例，只要能缩减交付期，利用时机销售，就算是在国内生产也可以实现维持收益率，甚至可以达到提高收益率的效果。类似 S 公司这样有可塑之处的企业，还有很多。

准备期越短越有销路，越能盈利。可以说，我们改变了"商品力"这个定义。以前经常能听到有人说"一白遮百丑"，也可以说"准备期短可以遮百丑"。我相信极速应对能力可以消除很多企业的经营困难。

是因为"没有需求"还是因为"没有库存"?

有的时候，我会去位于爱知县的电流断路器制造工厂进行指导。这是一家日本最具代表性的家电制造商的子公司。我负责的指导是，如何让拥有 250 种商品种类的系列产品实现库存减少、收益率增加的目标。

当我仔细看过这个拥有 250 种商品的庞大的产品群之后，发现了一个问题。每天都会发货的，销路最好的产品不过 7 种，销路第二好的产品大约 20 种，剩下的大约 200 种几乎卖不动。所以，在这家工厂，库存里几乎全是这 7 种明星产品。

我的指导方式和从前一样，从设置"备货区"让产品动向"可视化"开始。当时的现场有很多人反对说："那 200 种产品根本卖不动，设置它们的备货区没有意义。"但是，我还是坚持让他们把所有的在库产品都设置了备货区。

因为，我根据以往的经验看到了一条线索。我认为完全没有销路的 200 种商品不是因为"没有需求"而是因为"没有库存"。

结果不出所料，"备货区"设置好之后，原本销路不畅的 200 种商品开始出库了。而且，还出现了一种名为"警报电流断路器"的热销品。

请企业帮我调查过"什么样的顾客购买了多少"之后发现，工程完成之前，没有多少富余时间的同行业者会以原价购买这种产品。这里最重要的一点是"按原价购买"。7 种畅销产品由于同行业竞争较为激烈，会以定价的 4 折销售，实际上收益率极其低。但是，这种"警报电流断路器"按原价销售，可以维持非常高的收益率。类似于电流断路器这样的必需品化产品通常会陷入价格竞争之中，这一点我之前也提到过。但是，对于订单如果能够比别家公司做出更快的应对的话，就能避免卷入价格战。在大楼建设的时候特别需要电流断路器，接近完工的时候往往也是临近交付期的期间。也就是说，从顾客的角度来看这是他们迫切需要的产品。如果能考虑到这一点，改变迄今为止只方便于制造商的政策，保有一定的库存的话，就能带来更多的订单，同时，也会帮我们开拓新的"市场"。

从企业的角度考虑的话，增加原本完全没有销路的产品的库存，减少畅销品过量的库存，实际上达到了整个产品系列的库存大幅减少的效果，同时，也大幅提高了收益率。

从这里得出的经验，也像前面说明过的，销售产品的要素之一是"时机"。具体来说，有库存并不完全是一件坏事，**如果将可以卖出去的产品把握时机进行销售的话，绝对应该保有库存。**

"有名无实的特制品"陷阱

接下来，是一家生产工业用阀的 K 企业。绝对称不上是高科技的工业阀，但根据品类不同有青铜、黄铜、铁、不锈钢等多种多样的原材料。产品有球形阀、蝶阀、闸门阀等，种类非常之多。同时，管的口径也不少。加上数量庞杂的普通型号，还有带有开闭功能或者有把手等，可供顾客选择的附件型功能。

K 企业不仅生产数量多、品种杂的一般用品，还会接单生产一些"特制品"。接订单后到发货期为止的准备期间，如果是普通用品范畴的"标准品"的话需要两天以内，如果是非常规普通用品的话需要大约五天，小众产品需要大约三十天。定制品的话大概要花上五十天。

如果观察一下就能发现，"非常规品"也好，"小众产品"也好，既不是制作方法难，也不是使用了难以调拨的材料，而是交付期过长。虽说产品是多种多样的，但从基本构造上来看也不过是用普通零部件稍加组合而成的一般用品。

比如说拉面的品种：粗面还是细面，猪骨汤底还是鸡汤底，大碗还是小碗，还有客人会有不加笋干等一些具体的要求。

拉面店会根据自己准备的材料应对顾客的要求。顾客也不会非去拉面店里点牛排。在阀门公司也一样，肯定不会有顾客下单买电路断流器的。

那么，在拉面店能做到的临机应变为什么阀门公司就不行呢？因为没有任何一个公司职员觉得现状奇怪。不仅公司内部没有质疑"非常规品"以及"小众品"的长交付期，还做了一份详细的交付期一览表，对销售人员指示"把这样的交付期贯彻下去"。

有的时候，我对公司管理干部们也不留情面，直接跟他们说："这样的工作方式，其实就是在全公司承认工厂拙劣的生产方式，会让公司蒙羞。让顾客漫长地等待下去，提供这样的信息，并不是正确的交付期回答。"

我之所以这样直抒胸臆，是因为实在看不惯这种马马虎虎的工作方式。比如说工厂接到了加急订单，交付期要在两天以内，提供 12 个"标准品"。虽然此时的库存还有 10 个，但工厂迟迟不下达命令赶紧发货。正因为是加急订单，顾客肯定希望尽早拿到货物。所以，工厂应该首先把库存里的 10 个拿出来赶紧交货，剩下的两个加工好之后立刻发出——然而，他们连这样的应对都做不到。

之所以这样是因为太拘泥于公司规定的"交付期在两天以内"，而不是因为工厂的生产能力不足无法应对订单。实际上，生产两个产品用不了两个小时，加一点班，或者改变一下工序就足以快速响应顾客的需求了。这家企业没有替顾客考虑，没有我们要"灵活地响应被困扰的顾客"的心理准备，这是本质问题。

还有一点，"特制品"的存在本身就是值得商榷的。所谓的"特制品"就是"标准品"以外的东西，但是，仔细观察过之后就会发现这种机制里面尽是一些奇怪的现象。

在我看来很多"特制品"有名无实。生产管理的负责人把标准品零件表拿出来之后，用红笔修改、检查过后和开工指示书一起传达到流水线上。明明是特制品，不对照零件表就直接修改检查。看到这一幕后我的脑海里升起了无数个疑问。

我问道："明明是特制品怎么什么都不看就下达零件指示了呢？"

负责人回答说："……因为我记得啊。"

我又问道："特制品根据顾客要求的不同规格也不同吧。把这些特殊之处都记住也太难了吧？"

负责人："这是销往美国的出口品。我们类别表里没有的产品都是'特制品'。"

经过调查后我发现，出口美国的"特制品"的生产方式没什么特别的。只是比面向国内的标准品数量少了一些，从事实上看和"标准品"是一样的规格。只是因为没有列在面向国内的产品类别表，于是把出口商品定义为特制品，延长了发货期。但是，出口美国的产量比起国内标准品毫不逊色，一直都有订单来往。于是，公司通过更新规定，把销往美国的产品更改为标准品了。

只是变更这一项，就和标准品的生产方式一模一样了，建立了立即发货的体制结构。同时，用红笔修改检查，下达生产指令的这一部分白领的工作也取消了，可以让这部分员工去做附加价值更高的工作。

用一点智慧减少特制品

典型的案例是"手柄颜色事件"。

我观察生产线的时候，有时会发现和标准品阀门和外形看上去毫无区分的"特制品"一起生产。

我问："有什么不一样的地方吗？我只能看到把手的颜色不一样。"

负责人回答："是的，红色手柄的是标准品，绿色的是特制品。"

听到这样的回答我吓了一跳。生产方式和材料完全一样，差别只在于手柄是红色的还是绿色的。而且绿色的手柄还是特意从其他同行业者那里采购的，特意当作特制品来对待，这样一来大大延长了交付期。

仔细看过"特制品"的绿色手柄后我发现，上面的涂料都是不需要大型干燥装置，自然风干型的，只要过1~2小时就自然风干了。也就是说，利用库存里多余的红色手柄，再涂上这种油漆就可以了，根本不需要从外面进货。

我问他："如果把自己公司的手柄涂上绿色的油漆，是不是能更快地发货？"

负责人说："在特别着急的时候我们也会这样做。"

听完这个回答我瞠目结舌。最后公司决定，绿色的手柄全部由自己公司涂改，不再进行外部调拨了。最后，原本大约三周的长发货期现在可以立即发货了。

因为是"标准品"，如果规格稍微变动，大家会倾向于把它当作特制品来对待，最终会延长发货期，事后也证明了这个判断，只要变动一下规定，K公司中很大一部分特制品就完全能像标准品一样进行生产了。

一直以来这家公司并没有改变工作方式，尽量缩短交付期的意识。

事实上类似于刚才的案例不仅仅是K公司，别家企业也时常能看到。

日本的某家大型建材制造商在住宅用门上遭遇了经营瓶颈。只是和标准品的门把手颜色不一样，就把门的整体当作特制品生产，而且从最开始的设计图绘制，以及零部件原材料每个步骤都要特意订货——其实这是无用的工序。因为明明除了门把手以外，都采用了同样的设计、同样的材料。

在这样的情况下，我让企业储备一定量不同颜色的门把手。变更点其实只有这一个。从结果看，原本交付期要花大约两个月，但是现在可以和标准品一样立刻发货了。这个案例说明了，如果积压了不必要的库存，工作效率就会变低，最终让顾客为难。

有市场的时候价格高也能卖出去

那么，为什么会发生类似于建材制造商 K 公司的案例呢？寻找其中深层的原因，也就是"病灶"，最后我们找到了"电脑"这个家伙。

采用电脑管理的情况下，如果和固定模式的订购不一样的话，哪怕只有一点不一样，也会被当作特制品处理，只能单独设计单独采购。把管理工作全部交给电脑，习惯了自己不动一点脑筋，就会发生这样的状况。所以，要区别对待电脑管理这个看似万无一失的方式，对常识要有部分否定的意识。

我们再回到刚才阀门制造商 K 公司的话题上。我指导 K 公司的时候，有一句话让我说到口干舌燥。

"即便是特制的产品，即便顾客表示一个月后发货也可以，我们也要以特急品来响应。"

把"后补充"这样的所谓"看板方式"导入到企业之后，再抓紧改革体制，就可以建立起更迅速的应对机制了。

采用了这样的应对机制之后，和竞争对手一起提供报价的时候，我告诉营业部门："要报一个比别家高的价格。"当然，我没忘了再加上这么一句，"K 公司虽然价格高，但不仅是标准品，连特制品都能立刻发货。最长不超过 3 天就能全部搞定。如果延期的话，要告诉顾客作为补偿，延期一天降价 5%。"

这种做法真的能赢得谈判吗？事实上，产品销量好得不得了。在报价阶段，即使 K 公司的价格略高往往也能拿下订单。

按照以往经验，如果把交付期短作为销售亮点，大约十件里就能谈成三件。不过，一旦实现了短交付期，可以为我们赢得甚至九成的订单。

与价格竞争力相比，及时交付能力更像是一种武器。

▌第二章要点

- 用"时机"销售产品可以避免卷入价格战
- 没有销量不是因为没有需求，而是因为没有库存
- 用一点智慧把特制品变为常用品

第三章——

顾客需求和生产体制的一致性

制造三要素

在重新审视公司以及工厂运营体制的时候，最重要的是什么？

就是要把迄今为止非常暧昧的定义像因数分解一样进行整理，然后试着再定义。这样一来很多课题就会自然地浮出水面。这个问题会在本章中进行探讨。

首先，制造产品的时候什么要素是必须具备的？我认为可以大致分为三类。也就是下文中的"三要素"。

要素①：为了制造首先要准备"材料"以及"零件"。

要素②：为了材料的加工和装配，要具备"生产能力"。

要素③：最后需要有"制造欲"。这一点出人意料地重要。

如果细分三要素的要素①中的"材料""零件"的话，大概可以分为两类，"直接可以作为产品"的材料和零件，以及流通时必要的"包装"和"包材"。这两种不管缺少哪一类，都构不成商品。要素②的"生产能力"也是一样的，分为"设备、机械"的能力和"人员"的能力。要素③的"制造欲"分为在生产线上工作的"作业者以及管理人员"对在交付期内完成生产的意志，以及负责生产管理等有权利下达"投产"命令的

"管理部署（白领）"等人员下达指令时的意志。

三要素可以再细分为两类，这样一来制造要素总共有六类。

那么，如果能以这六类要素作为标准，把自己的视角来个180度大转弯的话，会怎么样呢？**也就是说，在无法满足顾客提出的交付期的时候，可以对照着这六类探究原因，我相信在很多时候大家立刻就能明白"自己公司里还有什么不足之处"。**把掩藏至今的"真相"剥丝抽茧，也许会有大发现。

按照我以往的指导经验，生产现场缺乏追赶交付期的干劲，或者生产管理不下达明确的指示等要素③的情况非常多。这正是生产方没有把顾客放在第一位的证明。

结果是令人遗憾的，不过探究事态是怎么发展而来的更为重要。

接下来，让我们看几个具体案例。

拘泥于最小批量导致的失败

来看一家制造大麦茶以及速食面等以麦子为原料的制造商的案例。这个制造企业接受某流通企业的委托，生产一种自主品牌（PB）的大麦茶，当时的产品发货状态一直不错，但有一次发生了比较严重的发货延期。销售人员急忙解释说："是因为包装材料不够，所以不能发货，这才推迟了发货期。"

那为什么会发生包装材料不足呢？问了相关负责人之后我终于理出了头绪。

这个PB产品一直在推行换新包装的计划，后来以经费为由撤销了该计划，最后还是决定继续使用原包装了。不过，我发现在进行换新包装计划的时候，生产线就拼命使用旧包装，因此，换新计划无疾而终的时候还需要再采购原包装材料，不然的话大麦茶就发不了货了。

越是在现场一片慌乱的时候越应该冷静地判断。我对着手足无措的销售人员说："你一直说包装不够用，是什么样的包装不够了？"

销售回答道："我不怎么清楚其中的细节，总而言之就是不够了。"

这个 PB 产品的包装有三种：可以把大麦茶包摆放进去的"塑料托盘"；把托盘装到一种商品化了的"化妆箱"内；把化妆箱装进发货用的"瓦楞纸箱"里。

仔细调查后发现，不够的包装只是"化妆箱"。我问销售人员向谁确认了这个问题，得到的答复是"生产管理部"。

听到这里，我的"感应器"又启动了。远离生产现场的生产管理部往往最有可能掌握现场细致的信息。这样的案例我也接触过很多了。于是我又向销售人员发了一个指示："请向生产现场的负责人确认一下'什么''多少''怎么'不够了，把状况尽可能直接、准确地问清楚。如果打电话不够的话，请亲自到工厂看看。"

就这样终于把包装不够的整体情况摸清楚了。

——这个 PB 产品，30 个茶包装一个化妆箱，20 个化妆箱装一个瓦楞纸箱，然后发货。但是，都说包装材料不够了，工厂里还是有 800 个化妆箱，还能装 40 个瓦楞纸箱。

无法发货的真正原因是，工厂判断大批量生产更有效率，所以，工厂把"400～500 个瓦楞纸箱为一个批量"进行生产。按照这个批量，如果不准备至少 8000 个化妆箱就没法开工。也就是说，工厂认为只有 800 个化妆箱，还不满足最小批量，所以不进行生产。

"开什么玩笑！"

这句话脱口而出。已经发生大面积延期了，明明是非常时期拘泥于常规时期的生产批量，不够400~500箱就不生产，完全没有把顾客的难处放在眼里。其实这就是被固定模式束缚，不能进行框外思考所导致的。工厂自以为在追求高效率的工作方式，结果让下游的营销人员处理发货延期的问题，平白无故地降低了效率。

这样的问题在各个企业都屡见不鲜。生产和营销部门负责的事务刚好相反，所以往往会互相推诿责任各自找发货期推迟的理由。

但是，站在顾客的角度上看，有合作关系的是企业本身，生产也好营销也好，都是企业内部的家务事，和自己并没有什么关系。我指导企业建立从制造到销售的一致性机制也是为了解决这类摩擦。

对于身处第一线的销售人员来说，需要的产品数量只是顾客要摆在自己商店里的那一箱。以大麦茶为例，他们可能只需要一个"化妆箱"的产品。工厂生产的批量单位并不是错的。但是，如果不使顾客需求和生产体制相一致，这样的问题就会层出不穷。这个制造商立刻修改了对应方式，让小批量的产品也可以投产、发货。销售人员全盘接受工厂"包装不够"的借口，而没有尝试着探究深层问题，其实也是错误的。

但是，仅凭这样的改善根本无法填补销售和生产之间的鸿沟。后来，企业有了几次"成功体验"，终于能做到预防缺货现象了，不过这需要大约十年的努力。填补部门与部门的鸿沟，说起来轻巧做起来难。

"还要7个" 还是 "只有7个"

还有一个顾客的需求与企业生产体制不一致，导致缺货而大面积发货延期的案例。这是在某家大型电机制造商的照明用具工厂发生的事情。

这次发生延期的产品是一种荧光灯，用类似于玻璃箱的装置扣着光源，所以这种玻璃板材是非常重要的零件。

"玻璃板缺货，而且从玻璃板制造商那里采购的话需要非常长的时间。所以，一个产品也做不出来。"当时的销售负责人是这样对我说的。

因此，为了调查这种玻璃板是不是真的缺货了，我就去了工厂进行视察。我发现在放置区保管着7个玻璃板，一个可以生产一台荧光灯。于是，我的"感应器"又开始运作了。

我说："这不是有7块玻璃板吗？"

工厂负责人说："只有7块。我们工厂一个批量要至少生产10台荧光灯。"

因此，我问他现在顾客需要的就是10台吗，他回答我说也有只要一台的顾客，总体而言现在缺货两台。

我对他说："既然有的顾客只要一台，那我们现在把7台都生产出来不就好了吗？"

负责人回答我："如果不是一个批量的话，发货的业绩就不能算在内了，公司的系统就是这样的……"

这番话连辩解都算不上。于是，我不由得语气强硬了起来，提了这样的建议：

"那就假设我们现在生产了一个批量的产品，但是出现了3个不良品，这样总可以吧？因为现在事情紧急，应该用这样的方式积极应对尽快发货啊。"

后来我们也探讨过，所谓的系统导致无法发货实际上是现场的"谎言"。如果不10个进行生产，作业就会很麻烦，他们就是懒得做出响应抓紧时间发货。在交付期拖延的情况下用这种态度应对，除了说他们粗枝大叶也不好评价什么了。

在这种情况下交货延期的主要原因并不是缺少零件，而是没有向工厂的负责人追根究底的"欲望"。这家大型电机制造商是众所周知的一流企业，可这种水平的应对能力真叫人大跌眼镜。在我看来，不打起精神对顾客的需求进行彻底细致的回应，认为企业这么大又不会倒闭，这种毫无紧张感的氛围会导致经营状况每况愈下。

公司内部的宗派主义是一堵高墙

某家上市的轴承制造企业拥有一个更加严重的案例。

有一天，我和总经理一起去了发货仓视察，在货架上明明码放着成品却挂着"缺货"的牌子。我立刻问了当日负责接待的物流科长。

"这里明明放着成品，为什么还说缺货。"

物流科长告诉我："东京那边的代理商发了订单要 50 个，但是这里只有 20 个。"

我又说："如果有 20 个那是不是应该先把这些在手头的产品发出去呢？"

物流科长："因为，根据公司规定如果没有凑齐订单要求的数量的话，是不允许发货的……"

这还是生产方的说辞。轴承类零件不论是在汽车还是电器产品里都会使用。既然消费者作为最后的产品使用方，那么产品制造商作为轴承制造商的顾客势必会希望尽早拿到轴承好赶紧投产。但是，作为轴承制造商却无视顾客的需求，不过是为了避免自己分批发货带来的麻烦。

我又追问道：

"你们就不督促工厂让他们赶紧生产吗？"

物流科长说："距离这里车程五分钟左右的地方是我们公司的合作分包企业，在那里生产，不过在合作企业我不是负责人，只是负责采购，所以具体的情况我也不清楚。"

在大企业内总会存在宗派主义。与我一行的总经理立刻把采购科长叫了过来。这位的态度真让人怄气。

我问他："缺货这么严重了，难道不应该赶紧督促合作企业生产吗？"

采购科长说："我每天都督促啊。"

我又问："你说每天都在督促，那今天是几点督促的？昨天又是几点督促的？"

结果采购科长被问得哑口无言，最后我们知道他已经一周多没有督促过了，就这样任由缺货状况发展至今。

我对他说："采购科长，请你立刻督促。"

科长把声音提高了几个八度反驳我："督促的工作我告诉部下了，他们一直都在做。包括供应商都在加班加点工作，这种情况谁都不想看到。你有什么资格小瞧我！"

我说："我并没有小瞧你。只是在指责应该指责的问题。我想问你，明明这里放着20个成品，为什么不尽快发货？你不觉得顾客正在焦灼地等着，想着'哪怕一个也行，快点给我发货'

吗？恐怕合作企业也是一样的情况，目前能生产出的产品比你们的订单要求的数量少，所以也不能发货，你不觉得吗？"

采购科长："我知道了，我这就赶紧催他们。"

我说："那么赶紧给合作企业打个电话，和他们确认是不是真的连一个都没有。如果对方回答你'一个都没有了'，你就亲自到对方工厂，和生产线负责人或者工人直接确认是不是真的一个都没有。"

终于，采购科长给合作企业的销售人员打了电话。然后听到他说："你们也一直非常尽心尽力了。"但是，销售员都会和顾客和稀泥。最后我对采购科长说："直接给现场负责人打电话，直接和他确认！"

和现场的流水线负责人通了电话后，对方说了下面的话。

"东西是有的。但是，贵公司的发票上写着发货 500 个，我们现在只有 300 个啊，还不能发货。"

意料之中。

我转头对采购科长说："因为订单发票上写着 500 个，所以即便有 300 个也不发货。库存明明有 20 个，但是不能应付 50 个的订单数量，这两个问题都是一样的。"

这个制造商的仓库里以同样的理由通知顾客"缺货"的产品非常多。

同行的总经理，一开始还目不转睛地和我一起盯着现场，慢慢地发现同样的问题随处可见，最后终于看不下去了，就对我说："好了，差不多了。"

我最后也直言不讳："我只是想让您看看公司的实际状况。这个问题的本质并不在于物流科长或者采购科长工作太马虎，是因为包括合作企业在内的全体成员都没有意识到顾客现在非常着急。"

我介绍的这些案例，都不是什么难事。不要过度追求效率性，按照顾客订单需求的量接单生产，然后向合作企业订购同样的产品数量，只要做到这些就足以解决问题了。用极端一点的话来说，只采购能销售出去的量就可以了。大批量生产就意味着高效率，这个想法本身就是错误的。

现今的社会，随着价值观的多样化，顾客们的喜好也不再千人一面了，把一种产品大量投产就能赚钱的好时代已经一去不复返了。为了更好地让自己顺应时代的大潮，生产、物流、采购、销售等部门需要紧密合作开展改革，才能取得更好的效果。

动作改善的目的是什么

在这一节，希望大家和我一起思考制造三要素的②"生产能力是什么"。

接受过丰田生产方式的指导后，有很多企业都改善了生产能力，并且一直灵活运用这个生产方式。这个领域的改善如果用专业词汇来表达的话，就是"工业性·工程学（IE）"。有很多顾问都会一边观察拿着秒表或者摄像机的作业者，一边指导他们"如果这里这样做的话，就能再缩短几秒钟"，教给他们缩短使用机械生产一个产品的必要时间（机器工作周期）。

但是，这样的指导归根结底还是非常表面的现象。"那就是全部"，如果抱着这样的态度是达不到真正意义上的生产性提高的。

确实，如果可以节省作业者每个环节中的一秒，也会提升管理效率，如果把动作改善进行到极致，还会节省人工费用。所以，许多人会认为这一点有助于企业开源节流。

但是，我个人觉得人力减少只会带来工资报酬的提高，所以对这种方式有些抵触。如果推行可以带来人员减少的改善活动的话，那么在现场工作的人会觉得不知何时这把火就会烧到自己身上，所以，很少有人会认真地进行改善。

以削减成本为唯一目的进行的改善和人员削减，就好像章鱼吃自己的脚一样，谁都不是为了把自己的工作伙伴踢出局而参与改善的，所以根本无法长远地维持。

反过来也是一样的，通过改善活动提高生产能力的时候，如果参与者无法乐在其中，就不会积极配合了。原本分包的工程现在回到了自己手里，消除了自己工作领域被侵略的不安情绪，公司也会得到收益，工资奖金水平稳步提升。所以，要让大家发自肺腑地说出来——我们来一场大改善吧！我的目标是每一个工作人员都发挥出最好的自己，指导他们产生更高的附加价值。

话虽如此，我也会指导动作改善。不过这个改善只用在需要更高的工序能力的时候，帮助企业在竞争中胜出的时候。后工序明明可以按时完成，前工序却在加班加点，更严重的情况是，后工序一直是一班制，但是前工序却必须倒班制或者三班制才能应对得了。不管是什么情况，在我看来工作改善都是一场"紧急避难"的指导。

缩短机器工作周期并不是那么难。只要记住一些窍门就能轻松缩短 20%~30% 的时间。

某家汽车零件生产企业中也存在着十分严重的生产能力低

下的问题，加班或者休息日工作是常态。但是，我发现工作机器已经超负荷地运转，固定零件的钻模和切割零件的刀具都在做着无用功。因为，等待下一道工序的时间太长了。

仔细查出问题点后改进修正，重新编写控制机器的程序，这家企业在四个月里提高了大约40%的生产能力。投资成本也几乎为零。

负责陪同我的是公司的事业部长，他喜形于色地对我说："一直以来工厂的生产能力太差了，而我们认为'追加购买机器'或者'赶紧增派人手'是所能想到的解决办法。结果发现不用买机器或者招聘员工也能提高生产力，我现在完全明白了。"

企业的加班和休息日出勤也减少了。并且，因为生产能力不足而分包的一些业务也渐渐返回了公司。

"改变计划" 是应对顾客的能力

另一个容易和动作改善以及缩短机器工作周期的问题相混淆的是通过"改变计划"来缩短时间。"改变计划"是一个经常在制造现场使用的词。在进行一个作业工序时，因为在生产线上流动的产品种类不同，所以固定用钻模以及刀型都会改变。这个改变所需要的时间是无法对制造产生贡献的时间，也就是说，是无法产生附加价值的无效时间。但是，在另一方面，为了应对多品种制造，又不得不频繁地实施改变。能够快速地"改变计划"也是现场制造力的一种体现。

如果用简单一点的说法概括就是，**"改变计划"是为了全面、细致地应对顾客的需求，临机应变地对生产以及物流现场进行改变**。不仅制造业，这个思维普遍适用于所有行业。

把这个"改变计划"的思维应用在商品的流通网里，会让顾客的评价提高。下面我介绍几个成功案例。

北海道的"coop-sapporo"在自己的工厂制造豆腐、熟食、乌冬面等食材，然后配送到北海道各店铺。一开始的公司系统，会在下午4点之前收到各个店铺传来的订单信息，针对这些信息会在第二天一大早由工厂配货，并在店铺开门前送到产品。

从下订单到采购，需要 40 小时以上。商品的生产也需要时间，比如说豆腐，大概需要 20 小时准备。所以，在工厂参观一下就会发现产品的生产是采用 24 小时制的，产品也是一种接一种地生产。说明这家工厂的生产能力非常不错。

我当时就想其中一定有不相匹配的环节。

首当其冲的是该企业物流体制的改革。当时，店铺的配送一天只有一次。所以，我制定了整改方案，改为早晚各配送一次。而且订单的处理也更灵活了，哪怕在临近关门的晚上 10 点左右接到订单，也可以在第二天开门前送达产品。如果商品卖得很快零售那里备货不足了，也可以在下午四点左右的时候再次配送。

当时工厂觉得这样改善起来会增加很多物流费用，所以有些不情不愿。我当时说服他们："虽然物流成本上升了，但是这项成本带来的收益绝对远远大于预期。"

我之所以言之凿凿是有自己的根据的。

豆腐以及副食品之类的生鲜食品，刚做出来的时候自然更加好吃，所以把配送次数增加为两次，让零售店铺能呈现给顾客更加新鲜的食品，顾客满意度也自然会提高。

把配送体制改为一天两次，也会促进各个店铺的意识革命。一直以来店铺害怕售罄总是订购得比较多，有时候卖不掉的产品会被白白废弃掉。但是，现在可以追加订购快要售罄的产品，然后在下午送达，这一个改变也可以减少废弃，节约成本。

果然不出我的所料，大量订购产生的废弃慢慢减少了，而且顾客的满意度也有显著提升。原本的豆腐废弃量在一年1500万日元，现在几乎为零了。

同时，店铺在后院设置的仓储空间也没有了，而且正在商讨要将这片空地用于经营。不需要进行新的投资就获得了更大的销售面积。当然，在工厂也有各种改善活动，为了防止缺货或者库存过多，让产品的流程"可视化"，导入了"备货区"体制。

这家"coop-sapporo"的改善活动中最重要的举措不是设置"备货区"，而是将配送频率改为一天两次，这样可以保证各个店铺的食材都是新鲜的。这一举措使顾客评价提高，也带来了丰厚的收益。

这就是所谓的为了应对顾客的需求而灵机应变，发挥"改变计划"的思维。把琐碎的事情拿来做挡箭牌，或者拘泥于过去的工作方式，不改进方式让应对能力更加灵活的话，会失去很多机会。

其实这件事还有一个小故事。当初开始二次配送的时候，我也和大家一样预测物流成本会增加，但实际上并没有。原本就存在的豆腐或者副食品的配送车次暂且不论，工厂还有一些卡车负责配送保质期为一天的腌菜，最后发现可以让这些卡车在空闲的时候配送生鲜食品。这一点是我没想到的，而且还得到了非常理想的结果。

不要用错误的方法调整生产能力

还有其他的一些案例说明了"改变计划"确实可以让我们得到更理想的结果。

下面，我再举一个关于荞麦工厂的例子。

一到了中元节或者年末的时候，市场对于礼品的需要就会增加，那时会有很多顾客提出附赠上熨斗纸的要求。祭仪以及第一次的盂兰盆节的回礼中，熨斗纸也是必不可少的。虽然统称为"熨斗纸"，但有很多特别的设计实际上种类繁多。如果把婚丧的熨斗纸弄混的话，就出大问题了。

这家荞麦工厂，为了让每张熨斗纸的中央都能印刷得特别漂亮，特意派了一位女性职员来"改变计划"，用自己公司的印刷机印制。

但是，如果换个角度考虑就会发现这项工作全是她一个人的负担。如果她请假就没人做了。

这样做效率太低了，所以，为了让所有人都能熟练操作任何样式的熨斗纸，公司特意开发了机器让操作顺序更清晰，不容易发生失误。所有人都能轻松应对"改变计划"，搞定了熨斗纸的印制。

虽然是个非常小的案例，但是，说明了任何工作都能通过"改变计划"实现工作效率化。

企业也经常为了削减加班时间以及改善作业效率，尽量缩短"改变计划"的必要时间。这就是实行高效率的"改变计划"，从而提高生产效率。

但其实这个想法是错误的。所谓的"改变计划"，本身就是为了实现生产小批量化，实现应对顾客需求的必要步骤。同时，高效率的"改变计划"，也就是说在一天内同一时间段里增加改变计划的次数，也是提高应对顾客多样化需要的能力。

想要缩短劳动时间的话，可以通过缩短机器工作周期，缩短单循环时间的方法来进行。

如果用错误的方法调整生产能力的话，就会事半功倍。经营顾问的工作职责就是要仔细查看现场的"病症"，明确"手术"方案，开正确的"药方"，结合现实状况思考问题。

▌第三章要点

- 制造三要素之中的"制造欲"非常关键
- 不要认为制造的数量就是销售的数量
- 所谓的改善活动不仅仅以削减成本为目的

第四章——

用『沙拉理论』和需求预测说再见

"看板"的诞生

丰田生产方式的别名为"看板"。"看板"有助于实现整个生产过程的准时化、同步化和库存储备最小化，即"零库存"。

但是，本书前面也讲过了，这个思维是不正确的。有销路的产品应该保有库存，而且，还有的产品会因为有了库存开始有销量了。

"为了防止机会损失，如何保持正确的库存率？"

我认为这一点正是丰田生产方式的精髓之一。那时的有力武器就是"看板方式"。

在本章开头，我想先向大家介绍我所理解的"看板方式"，以及如何有效利用这个"看板方式"。

在日本各地指导各行各业的企业的时候，会有很多机会与各行业的经营者和现场人员直接对话。体现企业实力的线索，往往不是记录在数据中的业绩，而是潜藏在现场工作的人们的声音中。在那些声音里我经常能听到这样的台词："铃村先生，我们公司导入了不需要库存的'看板方式'。"

很多负责人会用一副了然于胸的神情对我这样说。然而，实际上他们并不知道其中的深层含义，因此往往支付了高昂的顾问费也没得到任何成效。

那么，"看板方式"究竟什么地方被大家曲解了？为了解开这个谜团，请允许我稍微绕远点，先讲讲别的问题。

首先，我再介绍一下关于"看板"的历史。在第一章里也有赘述，所谓的"看板"是以我的父亲喜久男为中心形成理论，并于1945年后期导入了丰田自己的工厂机械部。丰田由于战后经济不振的影响，劳动争议频发，1950年（昭和二十五年）陷入了经营危机，解雇了大批员工。在这样的状况下，由于朝鲜特需经济，特别是卡车特需才得以有喘息之机，幸亏没有陷入倒闭的境地。

那时，喜久男作为"技术员"在生产发动机的总公司工厂机械部工作。"朝鲜特需"时期需要进行大量生产，但是，当时的丰田由于裁员人手不足，而且当时陷入经营困难的丰田也拿不出可观的投资了。所以，为了实现更合理的库存，大家才创造出了这个"看板方式"。

发动机的生产工序粗略来说就是：材料的铸造或者锻造→切削、打孔等器械加工→装配。

在这一系列的工序中，如果后工序（比如"装配"）拿出必要的一个小环节交给前工序（比如"器械加工"）来处理的话，就会毫无损耗地完成一道工序。

　　这个时候告诉大家拿出"哪个"环节的信息就是"看板"。现在,"看板"都是把电脑打出的数据印在小纸片上了。当时的看板是用冲压铁板然后剪裁之后剩下的边角料做的。直接将"看板"贴在产品上,如果东西被取走的话看板也可以拿下来。铸造或者锻造工序的时候,零件的温度很高,如果用纸的话很容易烧坏,如果用冲压的边角料的话就不会有这样的担心了。

　　让时光倒回到二十多年前,那时我还在"生产调查部"工作。所谓生产调查部就是对顾客企业指导丰田方式的部门。我曾经走访过卡车大型生产商日野汽车,在那里,如果零件去往后工序的话,从管道上剪下来的小铁环做的"看板"会用马达或者机械制作的滑轮流回前工序。我看着"看板"在眼前流动,当时现场的负责人对我说:"您父亲教给我们的方式现在还在继续用着。"我还记得听到这番话时自己难以言表的喜悦之情。

　　以前都是用冲压板或者管材的边角料,现在是用纸,"看板"的外形基本上确定下来了。与当时比较的话,所谓的 IT 化已经非常先进了,不过**这个"看板"即便离开电脑化管理系统也可以独自发挥作用**。

"生产看板"和"领取看板"

接下来终于要进入正题了。

首先请看图 4-1，来认识一下"备货区"和"看板"。

"看板"有两大类。

刚才介绍的"看板"是后工序取用零件，然后对这些零件发出新的生产指示，也就是所谓的"生产看板（在制品看板）"。这种看板会一直在工序内循环，所以我父亲这样的丰田老员工也会把它叫作"工序内看板"。到了我这个年代，它就慢慢地开始被叫作"生产看板"了。现在，我进行指导的时候，也会因为这种看板代表生产开始，所以我有时也把它叫作"在制品卡"。

还有一种叫作"领取看板"。它是后工序接手前工序的时候，为了不弄错数量、商品号等信息而用来确认的。我把它称作"领取卡"。

"备货区"也有两种：放置本工序已完成产品的"产品备货区"以及"零件备货区"。对于接管后的后工序来说，前工序的"产品"就是自己的"零件"。这个概念图显示了在工厂内的流程，同样也适用于把前工序分包给其他零件制造商，后工序由自己完成的情况。总之，"领取看板"起着连接前工序的"产品备

图 4-1 "备货区"和"看板"

物品的流动

信息的流动

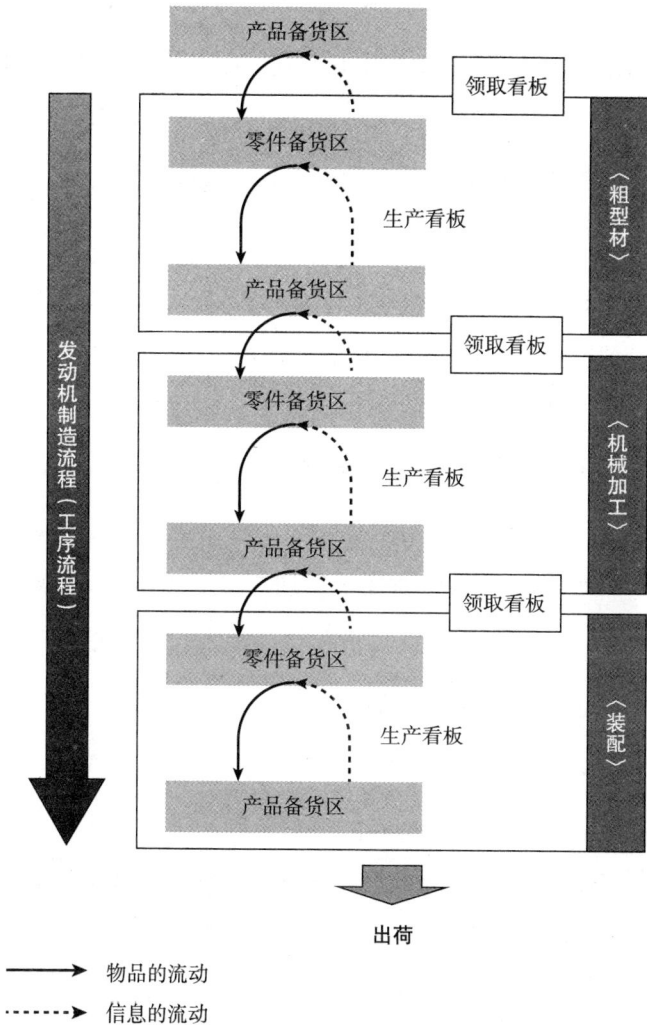

"在制品看板"是工序内的,"领取看板"是工序间的信息交换

产品备货区

领取看板

零件备货区

生产看板

产品备货区

领取看板

零件备货区

生产看板

产品备货区

领取看板

零件备货区

生产看板

产品备货区

发动机制造流程（工序流程）

〈粗型材〉

〈机械加工〉

〈装配〉

出荷

货区"和后工序的"零件备货区"的作用。

不过据我所知，采用"看板方式"的企业大多数只用了"领取看板"，而没有引入"生产看板"。所以，很多情况下根本发挥不出来"看板方式"的独到之处。这就好比如入宝山空手而归。

大型电机制造商之中有很多企业会把"看板方式"当作一剂处方，来帮助企业从不断恶化的经营状况中脱离出来。但是，实际情况是，大型工厂（后工序）不想有库存压力，所以使用了"领取看板"，把库存压力转移给了分包企业（前工序）。一旦大工厂到了繁忙期，就会对分包企业下达指示"马上拿过来大批的产品"。对于分包企业来说，如果不能及时应对这些要求的话，会有可能终止合作，所以他们的库存压力非常大。大工厂必要的东西在必要的时间采购必要的量。

坦白地说，这样的方式根本不是"看板方式"，而是大企业的利己主义，只便利自己的在库调整系统。这样任性地给对方施压，使得分包企业被压得难以喘息，工作动力减弱，包括合作企业在内的企业团体都缺乏竞争力和活力。

我指导"看板方式"经常被大家批判为"压迫分包企业的得力工具"，不过，这只是因为有的企业把它恶意利用为库存调整系统。这也是只用"领取看板"的伪"看板方式"。

东西向下，信息向上

"看板方式"中非常重要的一点是"领取看板"和"生产看板"要相互配合。"领取看板"是工序间，或者企业之间的信息交换。基于这些信息，各工序就能只制造有销路的产品，活用"生产看板"。

为什么如此简单的理论却这么难以实施呢？因为他们丢弃了利用"看板方式"的初衷。原本"看板方式"就是在销售现场将销售情况及时反馈给生产现场，从而让生产线像具有自律功能的神经系统一样灵活运作。

如果把整个工序比作一条河流，那么上游就是把各种零件装配起来，加工好，然后变成产品，向下游流去。河口的部分，也就是最后的工序是什么？

那就是"卖场"。不论是零部件还是产品，只要是"东西"，就会不断地流向下游，实际上如果逆工序之流而上也可以得到一样东西，那就是"信息"。信息也可以从最后一道工序"卖场"开始，向前工序、更前一道工序的方向逆流而上。

让产品更顺畅地从工厂流出，以及让产品流动的信息顺畅地回游。这两者互相补充完善，这才是"看板方式"的真正含义。

去肯德基工厂看看"真正的看板方式"

我们先说一点题外话。

丰田在"领取看板"的使用过程中，会对合作分包企业逐渐产生"交货权"的意识。

"看板方式"的特征就是"后工序领取"。所以，原本丰田必须从电装（DENSO）以及爱信精机等零件制造商那里接手相当于前工序的产品，但实际上零件制造商是自己送到丰田的。

根据父亲的描述，当时对于合作企业是打算实行后工程取回制度的，但未得到大家的理解，遭到了抵抗因而无疾而终。因为，如果丰田自己去接回来的话，合作企业使用的物流公司的工作就会减少，所以才遭遇了这么大的阻力。

取代这个制度的机制就是"交付期权利"。交货单是由收货方（接收零件的合作分包企业）进行填写的，但在丰田是丰田写好交货单后交给交货方的。这样一来，就能保证丰田只采购必要的量，而多余的量是进不到企业内部的。由于是丰田自己填写，所以在交接的时候不需要太复杂的检查步骤，非常有效率。

现在的丰田也是一样的，对于合作企业没有采取"后工序领取"。这是我在丰田工作期间积累的宝贵经验。在采购部任职的时候,美国肯德基的工厂刚刚启动,为了替他们选择适合的物流企业我特意去提供了技术支持。

那时,现场代表一直抗议:"我们弄不来看板方式。"我听了他的情况,在美国的零件制造商不给丰田送去,而是丰田自己取回。

我不假思索地说:"因为这就是丰田生产方式的原点啊。"

结果现场代表们都呆若木鸡了。他们只有"交货权"的概念。因此,我跟他们说明了"后工序取回"的历史,给他们鼓劲"正确的丰田生产方式一开始也在美国进行得如火如荼"。最后,构建起了以丰田为主体的物流网,成功地实行让丰田取回零件的制度。但是,现在是否还在应用我就不得而知了。

目前为止已经提及了多次,制造的最大关键点在于快速响应顾客需求,不要引发缺货或者库存过多的现象。如何防止生产量和销售量之间产生鸿沟,是企业存亡的关键。

为了把这个制造贯彻到底,后工序只需要去前工序取回自己需要的量(反过来说,前工序生产过量也不会施压于后工序),也就是进行"后工序取回"。各工序都没有中间库存的时候才开始生产制造的"后补充"十分重要。

为了让管理更加轻松,按照一定的量生产同种物品的"定量生产"也是重要的思维方式。

在这里我们整理一下"看板方式"的基本条件。

• 为了不让制造变得过量或者不足,"后工程取回"是必要条件。

• 为了不出现多余的中间库存,"后补充"是必需条件。

• 工厂的各个工序之间,以及各个工序内,为了让之间的信息交互更加畅通,"取回看板"和"生产看板"这两种"看板"是不可缺条件。

• 为了让大家都能一眼看懂这一系列的流程,也就是为了"可视化",设置一个存放产品的地方,设置一个"备货区"是重要条件。

以上,我列举的四条每一条都是关键。如果把这四条有机联系起来,就可以实现生产能力质的飞跃。我进行的指导也许可以理解为如何帮助企业建立起这样的联系。

那么让我再说明一下"后补充"和"备货区"的关系。

没有"备货区"就没有"后补充"

让我们以一家安全套制造商为例进行分析。

这家公司烦恼的根源在于缺货以及库存过多的问题。商品号和种类大概有 300 个，其中很多产品的生产量和销售量之间差距过大。

最初走访的时候我先去了仓库。现场一片杂乱，甚至连什么东西缺货什么东西库存过多都弄不明白。我初次到访一家企业的时候，会经常让他们带我看看仓库和发货仓。从其中我可以看出一家企业的实力。库存问题频发的企业，它们的仓库或者发货仓经常是一片混乱。于是，这家安全套制造商首先从整理仓库开始改善。然后，确定下来哪里放什么东西的"定点"化，这样可以让大家对缺货的产品一目了然。

在超市，生鲜食品、面类、调味品、点心等都按照产品群确定了展示场所，即使是第一次到这家店购买东西也能轻松找到准确的地方。仓库里的"固定地点"也是模仿超市按照产品群摆放。

只要决定好了这样的"固定地点"就可以按照产品群中的细分类目进行摆放。在超市也是一样的，在调味品货区可以找到沙拉酱、醋、芝麻油等，顾客找东西也轻松，而且对于店员来说，缺少什么东西都能一目了然。

接下来，每道工序之间都有中间库存，为了后补充设置"备货区"。虽然说是"备货区"，但不需要买新的货架。可以往地上贴上胶布当作分割线，也可以从天花板上吊几个大字或者照片让大家能看到这里存放了什么东西。

只用这一个方式就能解决缺货和库存过多了。听起来似乎有点难以置信，不过却是真的。一个月后缺货状况几乎消失了，而库存也削减了大概三分之二。

根本不需要用最先进的电脑管理系统。我的方案是，设置"备货区"，让大家都明白需求的动向，让现场状况"可视化"。归根究底这个方案让新人也能轻松管理生产量。把这个方案顺利推行下去，就可以感受到"后补充"的威力了。

用看板方式做一道沙拉

　　导入了"后补充"和"备货区"让制造发挥出神效的是一家大家都没想到的企业。这家企业不是汽车制造商或者家电制造商，也不是零件制造企业，而是制作"沙拉"的工厂。

　　两年前，从曾经长期指导过的"coop-sapporo"那里接受了一个新的委托。

　　"工厂里废弃的沙拉太多了，有什么解决办法吗？"

　　我赶紧驱车到了距离札幌市内 30 分钟左右车程的"石狩工场"。在这里有面向全北海道的沙拉和副食品类的加工，工厂用卡车进行配送。

　　对于当时的情形现在依旧历历在目。巨大的发货仓里按照店铺的顺序并排着许多"带着储物筐的卡车"，里面被沙拉和副食品塞得满满当当。由于北海道面积较大，为了让相隔较远的店铺在开店前拿到产品，最迟也要在早上 4 点开始配送。如果是札幌近郊的话，早上 7 点也能赶得上。

　　但是，听了他们的描述后我察觉到了矛盾点。为了能在早上 4 点准备妥当，必须增加夜班人员，把全部产量都搞定。而且，工厂在当天 8 点左右发货完毕，早早地就开始打扫现场。

这里有两个问题点。

①为了配合最早发货时间，进行全产量生产，要增加人手，要付更高的时薪给夜班人员，这会导致成本增加。

②不能过夜的沙拉等生鲜食品，尽量在做好之后就发货，这样可以保证新鲜美味。如果是札幌近郊的话在上午 7 点以前完成制作就可以了。

对于这两点没有人有异议。

再深入调查发现，这家工厂采用的是预测生产，每天会大量生产鸡蛋沙拉、金枪鱼沙拉、土豆沙拉，以及中华风味沙拉等单品。然后根据当天的销售情况不同会剩下一些产品，还有缺货的现象。生鲜食品材料的中间库存特别多，结果导致了保质期一天的食品被大量废弃。

因此，我引入了"备货区"和"在制品看板（生产卡）""领取看板（领取卡）"，着手改善沙拉生产（见图 4-2）。

备货区分为四个部分：在发货区准备好材料，设置存放完成品的物流备货区，与前工序有重叠的半成品备货区，加工材料备货区，以及原材料备货区。还设置了配合发货时间可以从后工序取回的制度。生产完后不要放置，而要配合发货时间灵活应对。

沙拉里面有鸡蛋沙拉、金枪鱼沙拉、土豆沙拉，以及中华

采购

原材料
备货区

| 土豆 | 鸡蛋 | 洋葱 | 火腿 |

预处理   生产看板

加工材料
备货区

| 煮土豆 | 煮鸡蛋 | 切片洋葱 | 切丁火腿 |

混合   生产看板

半成品
备货区

| 土豆沙拉 | 鸡蛋沙拉 | 中华风味沙拉 |

容器 大 中 小

盛装   生产看板

物流
备货区

| 土豆沙拉 大 中 小 | 鸡蛋沙拉 大 中 小 | 中华风味沙拉 大 中 小 |

发货

沙拉制作流程（工序流程）

——→ 产品的流动

┈┈→ 信息的流动

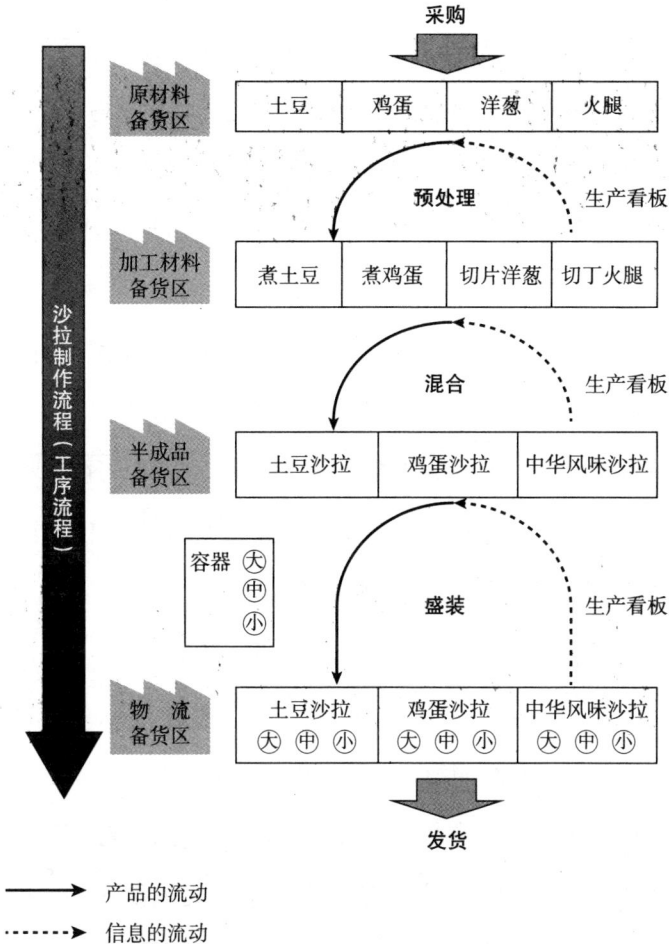

"混合"和"预处理"工序中的"生产看板"也有"领取看板"
的作用

图4-2 制作沙拉时的"后补充"应用

风味沙拉等各种口味，还分为大中小份的包装。另外，火腿、土豆、洋葱以及蛋黄酱等食材是通用的。半成品备货区里各种材料混在一起还没有细分，加工材料备货区里有煮鸡蛋、土豆、切片洋葱等，原材料备货区里有黄瓜、西红柿和粉丝等素材。

虽然沙拉酱或者火腿都有一定的保质期，但一旦装进沙拉里就会有了一个消费期限，一般会认为要在当日销售出去。因此，可以不把这些材料混合在一起制成完成品，这样更节约成本。只把卖得好的产品从加工材料备货区里拿出来混合，一旦中间库存减少就可以从原材料备货区拿出原材料。这是"后补充"的做法。从结果来看，只制作卖得好的沙拉，不仅可以防止缺货，而且还能减少废弃沙拉的数量。

比如说，根据目前的推测，我们煮了很多土豆，不一定要每天定量销售。改善后的后工序可以自己视情况煮必要的量的土豆，也就是说只按照消费的数量进行小批量生产。

同时，配送系统进行了改进。一直以来这家沙拉工厂都是在下午4点以前接到订单，在第二天早上完成配送的。但是，现在变成了即便是晚上10点接到了订单也能游刃有余地处理，第二天完成配送的循环体制。此外，工厂附近的店铺当天下午1点左右的追加订单也可以处理，大约在2个小时之后就能配送到店了。店铺的销售情况可以与工厂直接联系。

这样的配送系统的变更，以及"备货区"和"后补充"的导入，让废弃的沙拉数量几乎减少到了零。

百货商店的地下副食品专卖店里的沙拉专柜很有人气。我是那家店的老顾客了，听说这家非常有名的沙拉工厂导入了丰田生产方式。也许是导入了比较类似的方法，不仅把产品剩余量减少了，还可以当场响应顾客的需求，提供更新鲜的沙拉。

在有的百货商场，卖场的后面一些用玻璃做成的"开放式厨房"，可以让大家参观制作沙拉的过程。这如刚才那幅概念图中所显示的，把"混合工序"和"盛装工序"从工厂转移到了店铺。这些地下商场没有大、中、小容器之分，会根据顾客要求的克数现场装盒，只需要混合起来需要的量，废弃的数量也就自然减少了。

这种"后补充"和"备货区"之中有"看板"的组合使用，不妨把它叫作"沙拉理论"吧。

其实不只是以新鲜为生命的沙拉，只要是保质期极短的产品，比起旧的产品，顾客会更喜欢新制作的零部件。因为按照以往的经验如果发生什么故障，往往发现是使用了旧零件才导致的。同时，只制造卖得出去的东西，就是不使用多余的材料，也是非常环保的生产方式。

总之，这个"沙拉理论"可以应用在所有需要快速响应、快速生产的领域之中。

生产计划是弊端

从在丰田工作时开始，或者说是从作为顾问独立之后，我就开始思索一个课题——"生产响应"。但是，为了让生产更快地响应需要具备什么条件，对这个问题认真思考并进行改革的企业寥寥无几。

那么，企业一般是用什么方式制造的呢？

首先企业一般会先制订生产计划。只要是企业，似乎生产计划就是必不可少的。而且还有销售额预测机制。与销售额相联系的生产确实需要制订计划，这样的想法也许并没什么违和感。但是，生产计划不过是以根本不准确的需要预测为基础进行的预测。

此外，在很多企业会有这样的认知，他们觉得把生产以及事务处理等相关业务，只要是同种类的作业就汇总起来集中处理，似乎这样更有效率。

实际上，这种不准确的"计划"再加上大量制造就是高效率的"想法"才导致了如今制造的一片混乱。引起缺货或者库存过多的根源也在于此。企业活动中，一眼看上去是常识的生产计划往往是产生各种弊端的病灶。

我先解释一下这个计划的构成。

很多制造企业会定期召开一个名为"制售会议"的商讨会。在这个会议上，销售部门会提出自己的需要预测，然后制造部门要做出判断，自己是不是能应对这些需要。如果按月召开的话一般在每月下旬，如果按周召开的话就会在周末，大家在一起讨论关于下个月甚至是下周的需要以及生产规划。

比如，对于"A产品系列"销售部门的次月销售额预测为1万个。很多情况下，是根据过去10年间市场的整体情况以及自己公司所占份额计算得出这个预测销售量的。虽然通称为"A产品系列"，但这些产品由于颜色、性能的差异，还有销售市场分为国内和国外的不同情况时规格也会改变，如果看商品号的话往往要涉及100多种。

那么，销售部门给出的1万个的数字里面有没有细分出品类的不同呢？没有。销售部门并非按照每个品类进行预测，而是根据过去的数据推测出了整体产品系列的销售情况。流行趋势以及季节的改变都会让销售情况发生变化，让需要预测覆盖到每个品类，确实有点强人所难。

不过，对于生产部门来说，"A产品系列"要生产1万个的话，就必须把这1万个产品分配到每个品类。销售部门要1万个，产品系列里有100个品类，那么就会制订生产计划按照每个品类平均生产 100 个进行。但是，对于每个品类能销售多少个，生产部门没有什么头绪，只能随便地平均一下。在进行生产的时候，常常会比计划多生产一些，所以经常会发生 A 产品系列整体数量比计划要多的情况。

首先确认现在每个品类的库存情况，然后加工一下这些数字，最后确定下个月的生产计划。这样的月度计划，实际上就是把工厂的工时加起来然后平均出每天的产量，以及每个品类的日产量，根据这些数据再制订每道工序的生产计划——这样一来就有每个工序的日生产计划了。

当然了，每个产品都要经过很多道工序。比如说，照明用具的工作流程为"树脂成型→涂装→组装"。根据每道工序必需的天数，下达第二天的生产指标。同时，给零件工厂以及合作企业的下达生产指令也要经过类似的程序。因此，工作流程非常复杂，而且必须处理庞大的数据资料。

所以，这样的按日按种类下达生产指示的话，作业过程会非常繁杂。即便是用电脑管理，也需要很多人手花费很多时间。这样建立计划的话每个月都得大费周章，所以，即便情况发生一些变化而大家都不想因此改变生产计划，也是人之常情。

但是，请大家想一想：这样的工作方式难道不奇怪吗？

把需要预测作为生产计划的大前提，往往是证据不明确下的替代品。而且每个品类的生产计划，也相当马虎。从结果来看，分包合作企业也会根据母公司马马虎虎的计划安排自己的生产。这是一场马虎计划书的接力大赛。这就是导致企业无法应对销售的变化，导致有些品类的缺货以及库存过多问题频发，导致"负螺旋式"流程的真正元凶。

把这样的生产计划奉为"金科玉律"的话，根本无法做到快速应对。如果制定了每月 100 个的生产计划，而接到了 150 个的订单，那么这个 50 的生产量只能挪到下个月。有时候这种没头没脑的应对方式会激怒顾客，导致订单流失。

如果按照这种工作方式继续下去，制造部门对于"缺货"现象的责任意识就会很淡薄。虽然是根据销售部门的需要预测制定的生产计划，但自己还是被库存问题束缚着手脚。然后，不得不把责任推给销售部门说："把需要预测做得更准确些。"这样看来推卸责任倒是花不了多长时间。

在某家知名医疗器械制造商的工厂，有很多商品号发生缺货，如果不分析整体数据，就无法把握整体情况，当时的库存问题非常恶劣。这就是一味地强调"缺货不是工厂的责任"而导致的。

我一直强调，如果在制造中重视"后补充"的话，就不需要不精准的需求预测，不需要召开以此为基调的"制售会议"，更不需要繁文缛节的电脑管理系统。我的目标是，不需要复杂的、劳动强度很高的作业，要让制造业如同自律神经一样自己运作起来，把顾客需要的东西在必要的时候，送达必要的量，构成一套没有缺货或者库存过多的良性循环。

规范改革三要素

看到我举的例子之后，是不是有很多读者能感到"我们公司也有类似的问题"呢？

那么，怎么样实行防止缺货以及库存过多的"后补充"制造呢？首先，介绍一下改革企业行动规范的三个基本思路，然后讲解导入的手法。

以下为三个基本思路。

①停止月度、周度生产计划。

②不要认为集中大量生产、运输就是高效率的。不过，要注意经常性的定量生产。

③用"产品备货区"替代生产管理部署给各个工序的日程、品类等方面的生产指示，从这个备货区发货。发货产品的信息传递到上游的工序（上游设置了中间库存的备货区）。按照这个步骤，工厂生产、运输就能够像人类的自律神经一样自由运作了。

以这三个基本思路为基础，可以加入"后补充"的机制。

我不是要否认现在的电脑管理系统。我认为不应该盲目相信电脑。

用电脑中的仓库管理系统的时候，只要敲敲键盘，就能把库存按照商品类别标注好数量"100 个"或者"1000 个"了。但是，这些数据只有敲键盘的人才明白。而且，从"100 个"或者"1000 个"的这些数字里无法直观地感受到在仓库里需要多大的空间去保管它们。

更不用说"物流管理"和"生产管理"的合作了，如果情况比较糟糕的话，大家根本不清楚工厂，也就是"生产现场"实时的发货状况是怎样的。如果工厂能实时地把握发货状况，比如现在这个产品已经不够了最好赶紧准备零部件，或者现在包装材料不够了等状况，就能够轻松地结合实际的销售状况来进行生产准备。

所以，我首先设置了"产品备货区"，在这个区里放置什么产品，而且一天预计发货量是多少都有明显标识。这样一来，大家一看就明白现在有几天的库存。"产品备货区"就好像是超市里的货架。如果商品售罄，店员不需要通过电脑确认直接就可以补货。"产品备货区"就是把"售罄后立刻补充"的思维应用到了制造现场。

运作"产品备货区"的五个原则

为了让"产品备货区"的运作更加流畅，可以按照以下五个原则来进行。依靠机械是最后的手段，激发出人的智慧是基本原则，尽量在人可以做到的范围内响应。在第一章我也稍微提及过，现在再详细地介绍一下这五个原则。

原则①：决定产品备货区的"固定地点"。在同一场所放置同一种物品。

如果决定好了"固定地点"的话，即使是不熟悉工作的新人也能弄明白什么地方有什么东西，然后立刻安排发货。经常去超市买东西的话，肯定不会在超市里迷路。道理是一样的。

其实这种和其他行业差不多的响应机制，看似简单，实际上很难。如果不是后工序自己取回而是前工序推给后工序的话，就会导致装不进备货区的多余的产品放到了别的区域进行保管，或者有的老员工会觉得"我已经知道东西在那放着了，也不用每次都按规矩"，好不容易设置了固定地点，却慢慢地不再保持下去了。如果发生这种情况，又要提出有针对性的改善对策。

有的企业经常会往产品上加盖"位置编码"，就觉得"我们公司已经导入了定点化的思维了"，其实远远不够。酒店的房间上也有号码，但是，这个号码并不代表昨天入住了106号房间的客人今天就一定会住在同一间房。虽然表示了房间这个场所，但是，房间里的产品"入住者"每天都是不同的。

顺便说一句，制造业还有"自动仓库"这种十分麻烦的存在，在很多情况下这和"固定地点"是完全相反的概念。这种自动仓库就是往闲置的空间里塞入适量的产品，然后在电脑里记上一笔。因此，虽然能看到目前需要的产品，但不查看电脑还是不明白现在能不能发货。

原则②：在现场制作一个"标识"以明示出这里放着什么

请把这个标识想象成房子前面的"门牌"，写着这里是谁的家。经常有人说"在产品上标识出来不就行了吗？这样的话，放着东西的时候也能清楚看到这里放着什么"。虽然这番话有些道理，但东西可能会被移动，移动到什么地方什么地方就成了"固定地点"。所以，理想的状态是物品上和地点都有"标识"。不仅仅要在玄关处贴上"门牌"，如果能给住在这里的人也贴上一个"名牌"的话，那么初次造访的人也能明白哪位是住户。

如果以这种标识方式的话，工作有没有按照规则进行就一目了然了。如果一旦发生违反规则的事情，大家立刻就能发现哪里有什么突发状况了。

原则③:"体系化"之后再设置备货区

不论是"固定地点"还是"标识",如果摆放得不那么井然有序,大家就不容易找到正确的位置,效果也会大打折扣。以大分类、中分类、小分类的规则把产品体系化之后再进行放置。

这一点也很像超市的卖场。走在超市的主路上,旁边会延伸出很多分支道路,把每条路都决定好里面到底是"干货区""调味品区"还是"瓶装、罐装区",大家只要站在小路的路口就能知道里面是什么商品的货架。比如说,想买柚子醋的时候,虽然超市里哪里都没有写"柚子醋区",但只要去"调味品区"扫一眼就会发现沙拉酱以及各种酱汁,柚子醋自然也在这一区。

门店往往都绞尽脑汁把销售商品体系化,这样一来,顾客不用大费周折就能找到想要的商品。

不过在很多工厂有很多相反的情况,作业者为了缩短作业时间,往往会把使用频率高的东西放在入口附近,把使用频率低的东西放在里面。虽然这种情况被评价为"动线"效率化,但也不是万全之策。因为,这样的方式是以熟悉工作,能把握使用频率的老员工的作业能力为标准的。它只关注了作业者的移动距离,但是,没有考虑到不熟悉操作的人会来回寻找需要的东西所浪费的时间。

对于在繁忙期来帮忙的人，或者不怎么熟悉流程的短期工人来说，他们往往会手忙脚乱，导致现场一片混乱的危险性也会提高。我们应该考虑到不论在任何工期，是临时救急人员还是普通现场工人，要建立一个"简明扼要地体系化"了的"产品备货区"。

原则④：按照最开始进入备货区的产品最先发货，遵照"先进·先出"的实施原则。

这是制造业为了保证品质实施的最重要的基本原则之一。如果良品率是100%的话那就太理想了，在万一出现了不合格产品产生了纠纷的情况下，如果严格遵守"先进·先出"原则的话，那么调查范围就大大缩小了。因为，可以按照发货顺序追溯不良品是哪个批次的产品，很容易确定范围。如果不严格遵守"先进·先出"的话，就很难查清楚被害范围究竟有多大，毫无头绪地造成大额损失。

原则⑤：确立"补缺货体制"的原则

为了更好地推行"后补充"，两块"看板"缺一不可。

也就是说，按照从下游工序到上游工序的顺序，表示自工序取走需要产品数量的"领取看板（领取卡）"以及如果产品被下游工序领走了的话，自工序中又会导入新的在制品指示"生产看板（生产卡）"。这就是大家口中的"看板"。

生产的各个工序中，刚才的"沙拉理论"里也提到过，设置中间库存的"材料备货区"，然后只生产被后工序取走的产品，如果让这样的机制循环起来的话，工厂全体的"后补充"机制也就大功告成了。

最后，关于好的备货区和不好的备货区，我各举一例。一言以蔽之，好的备货区就是容易找东西，不会引发缺货的备货区，不好的备货区则反之。

比如说，某家佃煮制造商，备货区里放着什么用不同的颜色标识好，商品的排列一目了然井然有序，包装材料和食材也按照一样的顺序陈列。比如说用统一的粉色来表示"生姜昆布"这种产品，所以只看颜色就明白这里放着什么了。

与之相反的案例是一家超市的备货区。只有文字表示，如果不读一下就看不出这里有什么，而且排列顺序也不统一。这样的备货区会增加作业难度。

关键是"一定""统一"

补充产品的时候还有四点值得注意。

补充时的注意点①：同一个品类，要定量地装在同一个箱子里。决定好"容纳数量"。

要做到数一数箱子就能知道剩下多少产品。比如说 10 个装的盒装鸡蛋，一般只要数一数盒子就知道一共有多少个鸡蛋了。"容纳数量"尽量要少。这样的话制造也能更加灵活。而且，这个"容纳数量"也是运输的基础单位。

这里值得注意的是，容纳数量 ≠ 生产批量。容纳数量要比生产批量更少。在啤酒厂会用大型酒桶酿造啤酒，实际上卖出的产品都是一小罐一小瓶，或者几罐装一箱按箱销售。生产批量如果是大型酒桶的话，那么容纳数量更接近销售单位。

补充时的注意点②："容纳数量"尽量按照更容易管理，并且更一目了然的单位进行统一。

这是一种标准化应对。比如说，产品箱里品类 A "1 排 13 个，共计 4 排 52 个"，其他的品类 B "1 排 14 个，共计 4 排 52 个"，这样就非常烦琐了。如果能把所有的品类按照"1 排 10 个，共计 5 排 50 个"摆放的话，管理上就更统一也更简单明了。

把这个思路继续延伸，比如说，捆包材料大小的通用化，在运输时以更统一的数量、形状装货，不仅会让管理更轻松，也会有削减成本的效果。

补充时的注意点③：放置产品的箱子的构造

一眼看上去就能判断箱子的容纳数量是不是正好，空间够不够用，如果能实现这些细节上的"可视化"就更好了。如果空间上有空余，就说明装货时发生了问题或者失误。只需要用肉眼就能判断可以让管理更加轻松。

补充时的注意点④：尽量减少箱子的种类，如果产品大小有变，也尽量按照原来尺寸的 2 倍或者 4 倍这样相近的构造来改变。

这种看似简单的问题，实际上非常重要。这样做的话，就像拼乐高玩具一样简单。在大箱子上可以摞两个小箱子，保管和运输都很方便。其实这一点与运输效率紧密相关。

如果能按照以上的基本原则采用"后补充"机制，就能立刻得到效果，可以瞬间消除缺货或者库存过多的问题。通过这个方法很多企业都觉得卸下了重担，其实革命的道路还很远。我指导的"后补充"制造的目标是，不需要进行无效的需要预测或者生产计划，让工厂的良性循环运作起来，从而轻松获得收益。

希望大家不要误解"轻松"这个词，我指的不是"怠惰"或者"悠悠闲闲地工作"。而是指摒除无效的、低效率的工作，让原本浪费在这些琐碎事务上的人力和财力流动到应在的地方，焕发应有的活力。还需要在提高品质管理能力，以及教育从业人员方面，持之以恒地下功夫。

"后补充"可以发掘公司的问题点

那么，导入"后补充"机制，加快改革步伐的企业接下来会做些什么呢？

一家企业需要研讨的课题非常之多。但是，往往很多问题会被人们所忽视。所以很多企业会选择导入"后补充"的机制，并以此为契机把迄今为止低效率的工作方式以及工作缺陷展现出来，通过自身的改善走向成功的企业也非常多。

我介绍几个案例，这些企业甚至改进了产品自身的设计。

某家制面企业导入了"后补充"机制后，建立了只生产卖出去了的产品的体制。但是，随后又有新的问题出现了。

由于采购原材料小麦粉的时间太长，卖完之后再订购小麦粉的话又赶不上下次的生产。调查过原因之后我发现，这家制造企业有多品种的面制品，为了配合各类产品小麦粉的种类也有不同，所以调拨这些原材料特别浪费时间。进一步调查发现，原材料没有必要变换这么多种类。

因此，大幅削减材料种类，不让品质下降的条件下改变面类的规格，不仅可以防止缺货，还达到了削减成本的目的。可以说"后补充"这个机制让隐形的课题明显化了。

"后补充"本身虽然有理想型，但没有达到100%完美的程度，必须每天不断修改进步。

　　虽然这个机制是为了快速响应顾客需求，但引进伊始也是最多按日为单位生产的。就是说，今天卖完的产品明天生产就好了。即便是这样，也比以赌博一样的需要预测为基础进行生产要好得多了。

　　如果真的鼓足干劲了的话，不仅仅可以实现以日为单位，甚至可能以小时为单位响应需求。如果按照前面叙述过的"沙拉理论"的话，商品售罄后的20~30分钟后就可以进行生产、配送了。

　　这个"后补充"的概念如果仅限于在生产部门开展的话，未免有点太浪费了。仅运用于生产部门的话，它的"威力"也会减半吧。如果工厂的响应速度非常迅速，那么销售部门就不需要"囤货"。营业以及物流部门白领们的无效工作也会减少。

　　我进行的指导都是从制造到销售的一贯性的改善活动，只不过集中指导这些部门的原因在于，我认为销售或者物流部门应该贯彻"后工序"理念。

　　长年以来，生产和销售部门因为缺货或者库存过多一直在互相推诿责任。虽然在生产部门推行了"后补充"机制，大家干劲十足，也取得了一定的成效，不过对于销售部门来说适应这样的改善并不是那么容易的。如果一旦又发生缺货或者纠纷，可能大家会归咎于这个"后补充"制度。为了能让"后补充"不断进步，要让组织和部门的信息交互更加及时，部门间的沟通更加畅通。这也是经营方面的重中之重。所以，我在走访顾客企业的公司以及工厂的时候，经常会让总经理一起陪着我。

▎第四章要点

- "没有库存"的看板方式是错误的
- "领取看板"和"生产看板"应该结合起来使用
- 如果能通过后补充和备货区导入定量生产的话，生产计划就是多余的

第五章——

白领是『恶魔』

怎么预防"白蚁化"

目前为止我们学习了以工厂生产为中心的丰田生产方式。

并且，在第四章末尾提到了后补充，也提到了"只在生产部门推行这个机制，十分浪费"。

毕竟在工厂等生产现场的工作和在公司总部管理工厂白领们的工作密不可分。

在工厂即便按秒为单位改善作业者的生产动作，追求高效工作，而负责零件调配的资材部以及销售产品的销售部、负责开发的设计部等部门的白领们继续着无效工作的话，又会怎么样呢？公司是无法看到实际的"收益"的。反过来说，如果只提高白领们的工作效率，工厂还是懒懒散散的话，只会卖得越多赤字越高——从理论上来讲会有这样的后果。

但是，不存在第二种情况。按照我这么多年的指导经验，只有工厂一个劲儿地努力提高效率加紧生产，**办公室的白领们不断蚕食这些成果**。就像"白蚁"一样，聚集在公司的房梁上。

我习惯按照从上游的"制造"到下游的"销售"的方向进行指导，包括其中一系列工作流程的一贯性，**这些改善都是为了让白领们原本失焦的工作重点重回正轨，摒除无用功，让他**

们产生更大的附加价值。

其实在工厂里进行"动作改善"的指导，或者导入"看板方式"，对于顾问来讲都不是难事。指导方法已经有了大体的规范，也有了"教科书"一样的手册。而且，工厂非常热衷于"改善活动"，虽然能否长久地坚持下去还不知道，但大家都追求一眼看上去就有效的方法，所以经营者们往往会有急于求成的倾向。

白领们的工作内容主要是调整各个部门的利害关系，并且工作内容也在不断复杂化，所以，他们的工作在外人看来很难摸清头绪。因此，公司即便想要改革也很难下手。接下来的话可能有些刺耳，但白领阶层中高学历的、更聪明的人更多，他们往往更喜欢找"借口"，这一点会拖延改革的进程。所以，当企业认识到问题的严重性想要进行改革了，往往为时已晚，白领们也会遭遇裁员，最后丢掉饭碗。

最近，日本最具代表性的家电制造企业以自愿辞职为由开始了大规模裁员，其实这不是因为这家企业输给了其他竞争对手，而是因为自己企业的白领无法提供附加价值了。

我的指导不局限于生产现场，更注目于在公司总部的白领们，**想和他们进行一场"战争"，或者是"智慧的较量"。**目的是，希望这些"聪明"人，能够意识到自己一直以来的工作方式是错误的、低效率的，最后能与现场的人们一起参与改革，构成一个整体。

　　我本身也是一个白领，进入丰田之后，相继在财务、采购、产业车辆部（营销）、生产调查、销售店支援改善等部门供职。现在想来觉得自己十分幸运，虽然是白领但没有一屁股坐在办公室整天看着黑压压的西装，而是穿上工作服，常常到工厂走访，一边看着机器以及产品的运作流程，一边进行思考，积累了很多宝贵的经验。

　　我声明一句，并不是说白领不应该存在。相反，一家企业能否顺利进行改革，有时要依靠白领们，看他们是不是具备改革的意识和力量。

本末倒置的"板粉低减活动"

"板粉低减活动"这个词大家听说过吗?

它是大型电机制造商经常使用的一个词,意思是对产品的材料追根溯源,从铁板以及粉状类原材料(比如塑料颗粒或者小麦粉)等开始入手,削减资材成本。

材料费这一项非常容易理清楚,是很容易"动手术"的地方。而且,往往无效工作越多的企业越会把人手安排到这个活动中。

因此,一开始"板粉低减活动"会很有成效,不过这个成效早晚都会到达瓶颈,甚至之后出现的只有弊端。理由是,企业只把焦点放在了削减材料费用上。

比如某家家电制造商,通过弄短附加的电线、把开关做得更小等方式节约成本,结果同一个系列里面"商品号"不断增加。

我们前面已经提及过很多次,所谓的商品号是在同一个产品系列里,为了便于管理因为设计不同或者规格不同的商品而增加的号码。即使表面看上去完全一样,附属品的规格或者长度一旦发生变化,商品号也要改变。

这种商品号的存在就是导致企业成本增加的罪魁祸首。可能称为"恶魔"更为贴切。根据我以往的经验，**不论是产品还是零件，每增加一个商品号随之而来的管理费用每年就会增加30万~50万日元。**

首先，要做出每个商品的设计图，势必会增加设计成本。不管是从生产管理还是采购的角度来看，缺货也好库存过多也罢，每个商品号的产品都有可能发生，所以，管理人员的数量也要增加。财务方面也是，每个品类都有赊销、赊购的金钱来往，这方面的工作量也会增加。工厂的发单、接单、验收等确认工作也增加了。这样一来，白领的人数相比商品号的数量在比例上就会有所增加。

很多人会觉得："因为现在都是用电脑管理操作，所以管理商品号的工作量也没有那么大吧。"确实，采用电脑系统之后，管理比从前轻松多了，但通过电脑还是弄不清楚现场的真实情况。

增加商品号之后最辛苦的操作就是检查库存数量的盘存了。一个月一次，或者是一个季度一次的盘存工作，说到底都是人工作业。即便是用电脑管理库存，也需要负责人实际进入仓库，对照着打印出来的基础资料，一个一个地查看确认。另外，在准备阶段还要制作出数量庞大的基础资料。大家想一想这样的确认工作能不能产生附加价值？遗憾的是，不能。

我经常看到有的企业大费周折地把电线弄短，把铁板弄小，像从牙缝里节省食物一样。假设一年削减 15 万日元的材料费，但增加了两个商品号，因此增加的管理费用为 60 万日元。总体算下来增加了 45 万日元的成本，只能说这些企业是"只见树木不见森林"了。

结果，最后增加的白领的管理费用比"板粉低减活动"削减的材料费用多得多，白忙活了一场。如果不树立大局观，把握工作的整体流程，就急着进行改革的话，是无法从真正意义上做到削减成本的。

减少商品号，削减成本

下面举一个大型卡车制造企业的案例。

这家制造企业不仅仅出售自己公司面向卡车的引擎，也在出售别的公司面向工业用车的旧引擎。这家企业每年都会来丰田进行采购，是非常优质的交易伙伴。但是，每年的销售业绩却不尽如人意。引擎的话每年都会改进，比如燃油效率更高了，排气中的有害物质更少了。

在这样的情况下，继续提供旧式引擎对于制造企业来说还是明智的选择吗？答案自然是"不"。

最明智的做法应该是立刻终止旧引擎的生产，向顾客推荐新引擎，这样对顾客和卡车制造商都是有利的。对企业来说，既减少了商品号，又削减了管理成本。此外，新式引擎即便比旧式引擎贵，也可以对顾客抹掉零头，打个折扣，对顾客来说也可以接受。

不仅仅是这家制造商，任何提供旧式零部件的企业都可以对自己的顾客说："有一种同一型号，但性能更出色的替代品。"一般来说，工业制品都在不断进化。具有同样性能的产品有的更轻，也有的更节省能源。通过提议新产品的投产，减少不必要的商品号，往往不需要开展"板粉低减活动"就能节省成本。

白领们应该思考的问题就是这些。

我指导过的企业中有很多都实现了白领层"觉醒"，公司内体制改革也非常顺利，最后公司业绩稳步上升。所以，我自身非常认同这样做的重要性。反之，也有的企业很难让白领们意识到自己工作的本质，所以往往拼命地进行了指导，但效果还是不尽如人意。

销售员是"电离层"?

"你记住啊，销售就是'电离层'啊。"

这是我的父亲喜久男的口头禅了。所谓的"电离层"，想必大家都知道，是地球的大气层上方呈等离子状态的部分。可以从遥远的海外接收到广播信号，就是靠电磁波反复地在电离层跳跃，传递到这里的。电离层里有一种阻隔效应，我父亲的言外之意就是说，销售部门挡在工厂和顾客之间，起到了一种"信息阻隔装置"的负面作用。

有的时候，工厂会想对顾客直接提出某种提案，但是，销售部门往往会对工厂当头一喝："顾客没有这样想。"甚至连听都不听。有的时候，顾客也想对工厂提出某些建议，销售人员不经过确认就会回答顾客说："这些我们工厂都做不到。"或者说："按照公司规定没有办法。"

只要顾客能够和工厂直接对话就能解决问题，但销售人员会阻隔这些信息的交换，这就是所谓的"电离层"。

还有最坏的一种情况。销售人员会给工厂提出一些对于顾客来讲毫无益处的、完全不合理的要求。即便工厂提出反对意见，销售人员也会说："这就是顾客的需求。"慢慢地工厂也就失去了思考的能力。把"顾客的需求"当成"尚方宝剑"，是解决不了任何问题的。

漫漫"双赢"路

下面是一家制造自动贩售机的企业的案例。

根据采购的饮料不同，自动贩售的规格也分门别类。因此，商品号也很多。虽然基本性能是一样的，但不同规格的贩售机使用了多达 20 种不一样的零件。"按钮"的形状有半圆以及椭圆，"温度标记"里面也有"温""凉"，或者"热""冷"等文字记号。再加上文字的样式也各不相同，还有放置易拉罐以及饮料瓶的展示台的规格也不尽相同。

对于饮料制造商来说，这样规格上的差别提升不了口感，也不是为了价格，更不是为了向使用者展示出与其他公司的不同之处。

其实工厂非常想减少商品号，所以每年在进行更新换代的时候都会有人提议："如果能让零件和规格更加统一的话，自动贩售机的交货价格就更低了。"这样的提案会被制作成提案书，然后经过销售人员呈交给顾客。但是，销售人员觉得自己经验更老道，于是十分自信地说："饮料制造商对贩售机非常在意，所以才有了这么多机型。我认为这就是'顾客的需要'，安安静静地响应这些需求就可以了。"然后，把这些提案扔在了一边。

但是，工厂非常坚定自己的主张，销售也终于做出了让步。不过，依旧是那副冷淡的态度。

"我们不做任何说明。带你们的工厂设计负责人来，让他自己说吧！"

不管怎么说，总算是达成了目标，设计负责人终于有机会和饮料制造商直接沟通了。

提案的内容是"按钮这样改的话更便于采购，价格更低""是热饮还是冷饮的表示方法，如果这样改的话就更便宜了"等，一边列举出细致的改进方案，一边推进规格通用化，在过程中试探饮料制造商对于"新型"方案的态度。设计负责人也特意拿了"旧型"和"新型"两种做对比，更便于详细地解释说明。

大部分公司在听到一半的时候采购负责人就会这样问设计负责人："知道了，我知道了，总之如果我们采用这个新方案，原价更低，我们采购贩售机的价格也更低吧？"

设计负责人立刻回答："是这样的。"大家当场就会决定采用"新型"机器。对顾客来说，采购机器的价格更低了，对于制造企业来说，少了很多商品号，削减了管理成本，这就是"双赢"的局面。

这个简单的案例恰恰反映出了销售人员是"电离层"的现

象。本来销售的工作就是提出对双方都有利的观点，提出双赢的提案。

还有一个非常严重的案例。由于开发部门和销售部门的怠惰和失误，公司平白无故地增加了很多商品号。

某家点心制造企业的营销人员，去批发商那里拓销一种"冰激凌泡芙"的时候，把商品内容明细表的数值写错了。这种明细表上通常有泡芙的奶油含量、成分、包装设计等详细的说明。虽然是开发部门把奶油含量写多了，但后来发现这个错误的营业人员的处理方式也实在是令人咋舌。

没有想办法道歉然后改正错误，而是把包括奶油含量在内的包装都印刷了出来，当作特制商品进行生产。批发商并没有要求特制商品，所以我觉得特别莫名其妙。于是和他说："平白无故地让企业增加了商品号，而且只是因为这一次失误，难道不能跟顾客道个歉说明情况吗？"但是，销售部长说："向顾客提交的明细表是固定不变的，这家批发商有点吹毛求疵，根本不会听我们之后的变更内容的。"就这样在会议上他声音高八度地否决了我的提议，寸步不让。

当时，偶尔参加会议的总经理也在场，他下达指示说："立刻改正明细表，然后和对方道歉。"批发商回复说："弄错也是难以避免的。"接受了修改后的内容，因此没有增加特制品，按照原来的标准商品发货了。那么，销售部长强硬的态度究竟从何而来？

虽然不至于像上面的例子那么严重，但在平时工作中也会听到类似的事情，或者经历过类似的事情。也许有的工厂在不知不觉中为白领的错误擦了不少屁股。

年轻的公司职员如何突破自我

日本知名的家电制造企业中也有无视顾客需求，并且给自家工厂制造困扰的销售人员。

这家制造企业为了后补充机制导入了"产品备货区"，做到了哪怕一天只接到了一个产品的订单也能快速应对。有一家顾客企业，大约每两个月大量采购一次某种产品。一次为 200 个或者 300 个，但数字不一定是恒久不变的。有时候会减少到 100 个，有时候又不要了，总之对应起来比较麻烦。在这种情况下，一般会每天少生产一些储存起来，以应对大宗顾客。不过，产品不是储存在备货区，而是用"砌砖"的方法堆在另一个地方。

渐渐地这个"砌砖"堆在工厂里越来越显眼，人们开始提议应该零散地向顾客发货。对于工厂来说，是理所应当的提案。于是，向销售部门反映要向顾客小批量发货，结果销售人员回答说："我沟通过很多次了，对方没有同意。"如果再进一步追问的话，销售人员就生气了："对于顾客没有要求过的事情，你们工厂不要瞎提意见！"这个提案就被搁置了。

这个皮球被踢来踢去，不久之后有一个年轻的职员对生产管理非常有热情，对工厂的负责人说："那我和销售部门的人一起去顾客那里打探打探情况吧。"然后他们走访了顾客企业。

去了之后大家都吓了一跳，仓库里堆满了照明用具。对方的调配负责人说："我正想去拜访你们，看看能不能以后改为小批量发货呢。"生产管理的年轻职员说："今天我来也是有一件事想和您商量，也不用小批量发货了，您这里发送订单我们立即配送怎么样？"

同行的调配负责人好像抓住了救命稻草一样，说道："这个问题也是我们公司一直想拜托你们的……"

其实对方的调拨负责人也一直在拜托"小批量订单"，"准备期间不要两个月，能不能改为一周或者两周"，阻碍沟通的一座大山就是制造企业的销售人员。

对顾客说"我们企业无法这样处理"，又对制造企业说"对方没有这样要求，不要画蛇添足了"。把两边的意见都拒之于千里之外。

最后终于达成了小批采购和立即发货的意向，对于顾客和工厂来说都是好事，是"双赢"的局面，即便是这样，销售还是没有尽到本分。

如果用一句话总结日本制造业的特征的话，就是"公司弱，工厂强"。在生产现场大家都干劲满满，生产能力也高，但白领的效率和工作能力比较低，所以无法让工厂发挥出最好的状态，可以说是"如入宝山空手而归"了。最后可能会导致原本生产能力很强的工厂几近崩溃,不得不振臂高呼"制造的时代已经过去,现在是服务的时代了"。

这样的企业,依靠服务是提升不了业绩的。**因为不论是什么样的产品,生产、销售与服务永远是互为表里的、统一的。**白领们如果不理解这一点,就没办法制定出有效战略计划,战胜其他竞争对手。

进口商品也可以用"看板"

接下来，可以结合实际案例思考购买零件以及材料的采购部门中白领的"电离层化"现象。

制造业中有两个非常重要的部门，一个是负责自己生产的"制造部门"，另一个是从外面采购零件和材料的"采购部门"。如果两个部门不能统一协调，就做不到快速响应。但是，如果只有制造部门进行了改善，采购部门维持在能力瓶颈的话，很快就会遭遇挫折。

比如说，制造部门如果想让材料快点进入公司去拜托采购部门的话，采购部门经常会回答"交付期之前的准备时间已经是最短了，不能再压缩了"。按照我的经验，这种情况采购负责人通常是把供应商销售员的话囫囵吞枣了。本来采购部门的工作就是负责协调，协调供应商无法应对的事情，最终令事情水到渠成，或者传授自己的工作经验尽量促使事情往好的方向发展。

在全球范围内的生产调配不断增加，因此经常会听到"因为是进口产品所以准备时间会长一些"，不过面对这种回应时应该多加质疑。因为，即便是进口品，由于国内使用量比较大，往往会在国内有很多库存。

下面的案例发生在某家卡车制造企业。这家企业经常接受订单后的两个月内没办法交货，原因在于制定的生产计划是以不准确的需要预测为基础的。因此，企业终止了零件的计划采购，开始认真导入"后补充"机制，只把使用完的量快速配送给对方。因此，成为瓶颈的环节是零件和材料的快速调配。采购部门经常这样说："这些零件都是'例外'，用不着列在后补充里吧。"我问他："为什么用不着呢?"

后补充机制差不多确定下来之后，采购部门的科长非常得意地对我说："不管铃村先生怎么说，这个也不能按照后补充来了吧。"他觉得这是意大利生产的轮胎，无论如何也不能使用日本的"看板"，所以后补充行不通。

但是，我这样回答了他："我从事过海外物流的工作，所以很清楚，轮胎装在集装箱里在港口卸货，在仓库会有大量的存货。如果从这一步开始引入'领取看板'的话，完全可以实现后补充。"

第二天采购科长跑过来和我汇报："好像可以按照咱们的要求马上发货。"

因为是进口商品所以没法应用后补充，我们应该停止这种想法。应该原原本本地把握好产品是按照什么流程从海外进入国内的，这是采购人员应该发挥出的作用。

在某家宠物食品制造企业也发生过类似的事情。虽然猫粮的原料是进口产品，还是通过后补充机制减少了原来的库存问题。

这种猫粮是从美国进口原料，比如说金枪鱼、白身鱼、肉粒等，把这些原料按照不同比例混合在一起就是不同的产品种类，这一步生产是在国内完成的。问题在于进口的方式。

整个集装箱里都是金枪鱼，或者都是白身鱼、牛肉，这是从国外大量调拨的形式。一个大型集装箱大约有30个托盘，每个托盘里有40大袋货物。

以集装箱为单位每天会进口几个单位的货物，由于是基于3~4个月之前的需求预测进行生产，所以，虽然大量调拨了，有的商品号还是会发生缺货以及库存过多的问题。这就是我反复强调的问题。

因此，在港口的仓库建立"备货区"，实现"可视化"，加入后补充机制，以托盘的单位调拨原料。而且，一旦一个集装箱的货物用完之后，立即由仓库给美国发送发货通知。定期集装箱货运船的航运时刻是固定的，所以，企业清楚货船何时到港。在白板上标明哪条货船上有预订的货物，实现信息一览化。然后，以颜色区分货物种类，比如用红色表示牛肉，用黄色表示白身鱼。这样就能动态地知道原材料的动向了。

多亏了这个"可视化"操作，公司全体可以共享"金枪鱼库存即将告罄"等信息，企业大约获得了 8 亿日元的现金流。

只不过稍微动了一下脑筋改变了调拨方式，就能让公司的收益再上一个台阶。

此外，不要误会一个问题点，我们的目的不是减少库存，而是要利用我们的头脑，改变工作方式，并且时刻改进这个方式，这样一来，不管发生什么事情也不会有库存问题了——这就是丰田生产方式的本来目的。

"小批量购买就贵" 是真的吗?

采购部门在"电离层化"的过程中,常常会把这句话挂在嘴边——"把材料分开,按小批量购买的话价格会更高"。

不过,果真如他们所言,小批量采购的价格就一定会高吗?

首先,一般来说在市面流通的通用品即便一次性大量采购价格也不会下降多少。影响价格的是月度或者年度总购买量,至于一次要购买多少,只要不是特别小的批量的话,都是没有问题的。

那么,采购零件的时候有没有恰当的批量单位呢? 这个问题也没有标准答案。采购负责人应该结合工厂制造的具体情况,和工厂商量后再定夺。

比如说,某个零件的日平均使用量为 1000 个,于是采购负责人决定采购 1000 个。"平均 1000 个"的话,就说明现场情况有时候可能是 999 个,也有时候是 1001 个。预测产量为 1001 的时候订购了 2000 个,那么还剩下 999 个。这种情况显然不合理。

但是,还是有很多采购负责人坚信,如果不按大批量单位购买的话,价格就会变高。通用商品还好,如果是特制品的话情况就更严重了。

"一次性订购 1000 个，而且是为我们公司生产的，如果不按这个数量而分成小部分生产的话，人工费用就会增加。"乍一听是非常合理的说法，那么究竟是不是正确的理论呢？

这时我通常会问："你亲自到工厂看过吗？"实际上，如果能亲自到供货商的工厂去看看的话，立刻就会发现这个想法是错误的。

因为，几乎所有的产品都不是以 1000 个为单位一起生产出来的，而是以个数为单位进行流水线作业的。把数量直接分成小部分采购完全是可以的。不用把 1000 个产品放进大箱子里，而是把 100 个产品装进 1 个小箱子，分成 10 批次。冲压零件也是一样，机器"一次性"运作的时候，不可能一下子就制造出 1000 个零件，最多一次只有 10 个。何况冲压零件每个都需要人工检查，如果把生产步骤分成更小的批量，也不会浪费工夫。

我经常会这样斥责采购负责人："你见过任何零件或者材料，是 1000 个一起生产出来的吗？你见过的话带我去看看！"

此外，还有人说，如果小批量采购的话，采购频率高了，物流费用就会更高。这也是错误的。

比如说产品 A 是大批量调拨的，大约一个月用卡车搬运一次。同样的供货商会用每天 3 次的定期运输物流运送使用频率更高的零件 B 和零件 C。这种情况下，可以活用运输零件 B 和

143

零件 C 时的剩余空间，把小批量的零件 A 一起运过来。定期运输的车辆一般不会满载，而且也不需要专门有一趟车运输零件 A。

采购部门的职责绝不仅限于买东西，还应该留心更富有效率的物流方式。带着这样的思维，改变工作的方式，应用新的机制，即使不用特意下命令减少库存，库存也会自然而然减少的。

就现在的一般情况而言，我发现公司的物流和采购部门不安排一流的人才了，也没有公司会有意识地改进这些部门的工作方式了。

对于制造业来说，改进采购和物流部门的工作效率，不仅仅会让工厂的生产能力得到提高，更是削减成本的"万金油"。令丰田生产方式横空出世，并把它体系化的是配置在生产、采购以及物流等鱼龙混杂的职场里的人才，是谋求从生产到销售一贯性的业务效率改善的过程中诞生的。

这些工作本来就是白领们的分内之事。

紧急情况下更应该保留产品和人才

销售、采购或者调拨部门的白领们正在慢慢地"电离层化"，在企业中还有一个部门特别喜欢出风头，时常干扰工厂的工作，那就是生产管理部门。

对于这一点想必大家都很意外吧。生产管理是离工厂最近的白领，是经常考虑工厂事物的一个部门。但是，充满善意地、拼命地努力的结果也只是慢慢把自己变成"电离层"。

比如说，即便是在有后补充机制的企业，一旦在新旧产品交替换代的时候，就会回到原来的生产计划。"幕后黑手"就是生产管理部门。

但是，请大家冷静地思考一下。**"平时"需求预测都不准确，更何况身处新旧更迭的"乱世"呢，这就更难了吧。**因为这样的特殊情况就返回到生产计划的时代，真是愚昧至极。

生产管理很容易在下面的情况中慌乱阵脚，比如说为了应对大宗订单，不得不突然增加生产量的时候。即使是导入了后补充机制，在一般库存中也设置了备货区，生产管理部门还是会说无法响应大批量发货，干脆回到了原来的生产计划。

但是，越是十万火急的情况，越应该厘清头绪。生产部门应该让现场认识到这一点。

制造三要素如先前介绍过的：①零件、材料；②生产能力（设备、人员）；③达成目标的决心。

如果按照这三个要素，生产管理部门应该优先的工作是打消零部件缺货的可能性，然后联合采购部门一起和供货商沟通、准备。也就是说要按要素①进行工作。但是，现实情况往往是无视这一步，一味地下达生产命令。不管下多少命令，如果没有材料的话，还是无法制造。大家经常忽略这一点。

进入增产阶段后很容易被要素②限制，也就是确保人手的一步。如果零件、材料准备停当，机器两班倒开足马力进行生产，完全可以应对交付期，但增派人手的工作就不那么简单了。我们应该弄明白如何让人员周转起来。

设计人员也要到现场看看

最后，我介绍一下设计开发部门的“电离层化”的案例。一直以来介绍的是文科工作人员，现在分析一下理科工作人员的“电离层化”。

以下是佃煮制造商的案例。这家制造商的主要产品是“煮豆”，这个产品有公司品牌还有自主品牌，再加上还有甜味煮豆、加海带和蔬菜等各种口味上的差别，商品号非常多，制造及销售的产品种类也很多。

不过产品开发团队把所有煮豆产品里的魔芋也分成了好几个种类。A产品里是“手工魔芋”，B产品里面是“加入淀粉的特制魔芋”，等等，但每种产品里面的魔芋含量非常少，没有什么口味上的差别。说到底，魔芋类产品只占一个商品号就好了。

这种魔芋的差别化对待无非是开发负责人的自我满足而已，从结果来看不仅会让供货价格上涨，魔芋供货商那里也需要差别化管理，不得不增派人手。

这里的问题是，开发部门把本应该通用的材料特意分门别类，增加了很多没有附加价值的工作。

类似这样的案例，在所有的行业都屡见不鲜。在汽车制造业，虽然会把汽车骨架的部分（台架）通用化，但根据不同车型主工程师或者开发负责人会把上面搭载的零件进行单独设计，这样管理工作又会增加。从结果来看，明明是类似的车型，但工厂的零件装配方式有所改变，工作也变得复杂了。

这是由于开发和制造之间有一堵高大的"墙壁"。

也有很多案例，设计师开动脑筋减少了管理工时。

这是我去一家生产半导体检查装置的企业指导过的经历。

这家企业的产品从外观等硬件部分来看是通用的，但会根据顾客的要求更换装置内的软件。比方说，有 10 种软件，A 公司采用的是 8 种，B 公司采用的是 3 种，只要完成了硬件部分，开发人员会当场根据顾客的明细进行安装。这一步需要花费很长的时间。大家在商讨能不能把这一步的效率提高的时候，装置的开发员提出了这个建议："把所有的机器都预先安装好 10 种软件，到时候把不需要的删除，这样是不是更简单了？"简直是哥白尼"日心说"一样的大发现。

正如这位开发员所言。如果是删除机器的软件只要操作一次就可以了，作业的效率大幅提升。

设计者在观察完下游工序的工作之后，发现了工作中可以改变的环节，是一次非常宝贵的经历。

"请工程师们一天洗三次手"

根据目前所叙述的内容不难看出，之所以白领们很难随机应变地响应，是因为大家被过去的常识束缚住了手脚。确实，一直以来大批量生产具有时代正确性，也有市场。但是，如果继续沉迷于过去的成功，就很难打开新的局面了。

特别是电脑化管理的当今，白领们在制造现场学习、锻炼的经验明显不足。他们习惯于坐在办公室的电脑前面，按照屏幕上显示的数据进行多角度分析。

"数据有生命，它从不撒谎。"有把这句话奉为格言的评论家。实际上这样的数据大多是以周度或者月度为单位总结的数字。如果只按照数据监测工厂的动向，就看不到每日的实际情况，等察觉到异常的时候再想办法就会发现为时已晚。

因为 IT 化的发展，白领们现场观察力日渐衰退。

幸运的是，我在丰田供职的时候，企业会要求白领们去工厂走动学习。在丰田会把作业时穿的衣服叫作"菜叶服①"，大家会穿上这种工作服到现场去。我在财务部和采购部的时候，就是这样的工作形式。不是让员工不停地伏案工作，而是希望

---

① 劳动者身穿的蓝色工作服。

149

大家亲身到工厂去感受和思考。

"请工程师们一天洗三次手",这是丰田创始人遗留下的一句箴言。这句话在告诫大家,不要坐在椅子上埋头设计,要亲自到工厂来,看自己的设计如何流入工厂,亲手拿起自己设计的产品确认。由于用手拿起产品,会被上面的机油弄脏手,所以,意思是**一天要来现场确认三次**。

从前的丰田总部是一栋设备完善、体量巨大的大楼,会令人不禁发出赞叹:"果然是世界的丰田啊!"因为白领和工厂是一体化工作的,所以需要很大的办公空间。如今,丰田的公司内风气是怎么样的,我也不得而知。但是,我认为要想理解"丰田生产方式"的本质,并且将其实践在工作中,就不要让白领们坐在舒适的办公室里,要让他们和工作现场融为一体。因为,不耗费脑细胞,不汗流浃背地工作,是得不到成效的。

▌第五章要点

- 我指导时的主要着眼点在于如何让白领们参与到更有附加价值的工作中来
- 要注意阻挡在工厂和顾客之间的销售员
- 过度依赖 IT 化会让白领们的现场观察力减弱

150

第六章——

实现高效生产，需要分包企业的参与

是生产指示还是交货指示？

所谓的制造，就是采购材料以及零件，然后把购入的东西装配为成品。在这一系列的工作中，经常会有"订购"这个业务。如果没有订购这一步，也就没有可以交付出去的货物了。此外，谁订购谁接单会在制造流程中呈现出各种形式。

改变"订购"方式，也可以大幅度提高工作效率。

"怎么样实现富有效率的订购？"经常有人会这样问我，随后我也会反问一个问题。

"你觉得订购是'生产指示'，还是'交付指示'？"

听到这个问题的人，首先会愣一下。当然了，订购既是生产指示，也是交付指示。

但是，我肯定会这样回答："到什么时候之前请交付货物，这样的'交付'指示，才是主体部分。"

快速制造专用品的秘诀

产品里有"通用品"和"专用品"这两类。所谓的"通用品"是指不需要向谁订购就能在市面上找到的商品。比如说厕纸、啤酒、圆珠笔这类，在便利店、超市、量贩店都能找到的东西就是通用品。如果你要找工业材料中的电容器、电阻芯片等，秋叶原有很多商店在销售，所以也是通用品。即便是齿轮、螺丝等一般的零件，只要是自己公司用了特别定制的产品就是专用品。

从某种意义上来说，所谓的通用品就是销售这些产品的制造商承担了库存风险的产品。换言之，订购通用品的时候不需要生产指示，只需要交付指示就可以了。这是普遍想法。

但是，有的制造商还是会把通用品当作专用品来对待。比如说，轴承作为一般的工业零件有成千上万的品类。很多企业会根据销售业绩排序，把这些商品号分为S、A、B、C等级。对这个分类方式不能掉以轻心。

S等级的产品每天都会大量发货，即便有库存也没有风险，简直是"完美通用品"。但是，排名最末的C的销售量不佳，虽然产品名录上面有它的身影，但没有库存。实际上，当有了C

级别的订单时才会生产，这就是专用品的处理方式。这样一来，接到订单才开始生产，自然响应速度就会很慢，发货速度也很迟缓。

因此，我提出了一个方案。对于交付之前要花很长时间的专用品，能不能也构筑起和通用品一样的立即发货的体制呢？

从结论来看，是可能的。关键点是前面几章论述过的，设置"备货区"，导入后补充机制，保有适当的库存。商品一旦卖出，或者说被后工序取走的话，立刻进行适当填补，这个循环如同工厂的生命线一般。

这个时候，最重要的是要分清楚"生产指示"和"交付指示"的区别。

首先将"生产指示"发给合作分包商，要求他们生产一定量的产品然后为自己保有库存。然后再下达"交付指示"，只把自己需要的量拿回来就可以了。这样一来通过交付指示实现了产品的短交付期。总之，只要分包商那里不轻易发生库存告罄，就可以像通用品一样方便取用了。

对于这一点有很多人质疑："这样不就把库存压力转移给分包商了吗？"但其实这不是在欺压分包商，只要按照买方约定的购买量进行生产、储备就可以了，也不是强迫分包商进行预测生产。这种情况下，只要分包商也建立"备货区"导入后补充机制，与收货方同步化就万事大吉了。

像这样熟练地运用生产指示和交付指示，可以优化购买方和分包商的关系，让两者互相配合建立机制，预防缺货和库存过多的库存问题。

我认为，这种优化可以从 1 到 6，分 6 个阶段进行思考。请允许我从阶段 1 开始介绍这个过程中的变化。

对分包商宽容就是对自己严格

阶段 1 是最为普遍的交易形态。

比如说，负责装配的母公司给负责零部件生产的分包企业发订单，一个月后需要一个批量单位 1000 个产品。分包企业按照自己的成品率下达生产指示，要求工厂生产量要比订单数量多 100 个。最后生产的良品数量为 1050 个。这个时候分包商会把这 1050 个产品全部发出。为什么比订单数量多出来 50 个，母公司却能照单全收呢？因为送货发票是分包商自己写的。一般来说母公司都会一声不响地接过货物。没有任何一家工厂的收货负责人会拿着送货发票对照货品检查。

有时候收货部门会突然开窍，打开电脑检查送货的数量，如果不一致，会把订单数和发货数修改成一样的再接收货物。

因为我觉得有点费解，所以问了收货负责人："为什么要这么做呢？"

按道理说任何部门的人都可以修改货物数据。负责人一脸若无其事地回答道："如果订单数量和收货数量不一致的话，就录入不到电脑里，会发生数据错误。"

让人一头雾水的是究竟为什么创建这个系统。本来只有采

157

购部等负责购买的部门才有权力修改这些数据。但实际情况是，把收到的密码告诉任何部门的人，或者把写有密码的纸贴在桌子的边边角角就能共享了，我经常能看到这种粗枝大叶的管理方式。

但是，假如母公司发出紧急订单要 50 个产品，会怎么样呢？因为分包商原本有的 50 个库存都一下子发给母公司了，所以库存为零。所以，很多时候分包商不得不回复母公司说："对不起，我们这里来不及生产。"

这就是阶段 1。导致问题的原因是，明明只有 1000 个订单的数量，却把剩下的 50 个都发了出去。

乍看上去是对分包商非常温和的母公司了，但紧急情况下束手无策的不仅仅是分包商，还有总是扮演老好人的母公司。可以说，对分包商仁慈，就是对自己残忍。

分包商会根据母公司而改变策略

第二阶段的交易形态发生了变化。

如果是工作非常严谨的母公司的话，同样会提前 1 个月发
1000 个的产品定单，分包合作企业即便是制造了 1050 个也只会
取回 1000 个。然后请分包企业为自己保管 50 个的库存。母公司
也事先写好了交付文书，然后把文书交给分包商，分包商不能
修改上面的数字。这样一来，分包商那里就有 50 个库存了。

每个月都如此累加，分包商那里最终累积了几百个库存。
于是，对于每个月 1000 个的订单，会有意识地减少开工时间，
比如每个月只制造 700 个或者 800 个，以此来调整库存。

这样的情况下，即便有紧急订单也可以用工时来响应，原
本分包商就有一个月生产 100 个的生产能力，所以应对起来得
心应手。

阶段 1 的时候，对分包商太宽容了，导致自己在紧急情况
下没办法获得援助。如果可以像阶段 2 一样，只接受自己订单
数量的产品，就可以保证在紧急事态卜获得保障。这是这个阶
段的精彩之处。

到了阶段 3，母公司的交易对策又有了新的变化。

母公司下了订单，发出了 1000 个产品的生产指示。到此为止和阶段 1、2 都一样，不过不同之处还在下面。

"数量是 1000 个，交付期是一个月以后。不过，交付指示会另外发出。"

分包商一如既往地生产了 1050 个，但是又另外新增了 200 个为一组的交付指标的话，这时 200 个货物就应入库母公司。

在阶段 3，"生产指示"和"交付指示"第一次实现了分离。从原则上来看，分包商有充足的库存，只要发出交付指示，立刻就能发货。即使是专用品，也能像通用品一样库存充足。

不过，值得注意的是，因为母公司下达了生产指示，所以有接收 1000 个产品的责任，如果由于销路不畅不能接收全部生产量的话，就是欺压分包商了。

分包商可以催促

如果进化到阶段 4，会发生什么呢？

母公司发出了一个一如既往的订单"1000 个产品，一个月后"。分包商还是下达生产指令生产了 1100 个，合格品为 1050 个。接下来还是把生产指令与交付指令分离开来，母公司根据交货指令接收 200 个产品，到此为止还是和阶段 3 一样。

如果母公司的库存量减少的话，就必须发出生产指示了。但是，有的时候会忘记，有的时候数据错误会导致库存量显示错误，总之会有很多情况不能下达生产指示。此时，如果是思虑周全的分包商会在库存减少的时候主动告诉母公司，"如果再不下达生产指示，就来不及了"，反过来催促母公司下达生产指示。

这样一来，库存管理就成为分包商的工作了。

不过，阶段 4 里面，分包商会有抵触情绪。因为被迫负担很多商品种类的库存，包括员工在内整体的工作时间并不充足。这个问题解决起来也很容易。比如说，可以把在库产品第 400 个的地方插入一个标签，上面写着商品号和商品名，然后对仓库负责人下达指示："如果产品发货了，这个标签掉了下来，就赶紧把这个标签送到办公室去。"这就是"生产看板（生产卡）"的优点。

这个标签被送到办公室后，分包商只要催促母公司下达生产指示就可以了。收到信息的母公司会立刻发出生产指示。这样一来，就不用费劲管理，也能让产品流动的信息向上传递了。

稍微说几句题外话，电脑系统如此先进的现在，也许有的人会认为库存数据错误不那么容易发生吧，实际上却时有发生。盘存就是检查在库数量和账簿上的数字是否一致的工作，如果是一致的话就是"无计算错误"。不过，"无计算错误"的盘存实在是凤毛麟角。不管应用什么样的管理系统，还是经常发生"计算错误"。自己公司保管库存的时候还会有这样的状况，如果对照数据上的在库数量和别的公司实际库存的话，错误就更多了。

分包商可以在这个阶段催促母公司，已经很不容易了。可以说是具备相当实力的公司了，如果可以维持这种实力的话，就会觉得等待母公司的生产指示太煎熬了。如果对方发订单的人正在开会或者出差，总是无法下达生产指令，就会陷入一种明明不得不生产却不能生产的焦虑状况。

如果可以从这个阶段走出来，就到达阶段5了。

不用等待母公司的生产指示，分包商就可以自己生产。分包商之所以会请求生产指示，是因为生产突然被中止，自己在制造阶段产生材料费、管理费、能源费、加工费等，全部都要自己负担。因此，生产指示是母公司必须取走货物的重要"凭证"。

但是，生产指示不需要正式发出也可以让母公司承担取货责任。比如说，可以向母公司发出申请。

"贵公司每回都会在固定时间下达生产 1000 个的指示，是不是不用再继续这么浪费时间制作文件了？我们可以一直保持 1000 个的库存量，如果你们突然中止生产也要保证这 1000 个的交易量，可以吗？"

这样一来就像阶段 4 一样，插好的标签如果掉落，立刻进行生产就可以了。

特殊点是，母公司会恪守规则地把中止生产的指令发送给分包商，分包商慢慢地削减库存，在即将中止生产的时候就不生产 1000 个，而会逐渐减少产量。以这样的方式可以减少取货责任量。

最后是阶段 6，也是阶段 5 的理想型。

即便把在库管理交给分包商，交易保证也并不是必须做的。如果是突然中止的情况下，当然需要交易保证，如果中止信息在 3 个月前就送达的话，两个公司就能每天调整产量，等到生产中止的时候，基本上就没有什么库存了。这个是理想状态，所以，优化到阶段 5 也没有问题。

在食品、杂货等行业中，分包商话语权比较小，几乎得不到母公司的交易保证。而且，母公司发出的信息可能会非常粗糙、非常马虎。只能说要"以身作则"，尽量朝着完美阶段 6 的方向努力。

验收就是证据

前一节介绍了什么是"订购"，而且按照效率的高低分6个阶段进行了介绍。接下来请大家思考一下与"订购"互为呼应的作业流程。

那就是"验收"。"订购"和"验收"是互为表里的关系，然而，不得不承认很多企业都对于这一点有所误解。

比如说，如果母公司给分包商发送了零件的订单，然后会检查这批零件是不是按照订单数量交付的，如果确认无误就会盖一个验收章。最后这项作业的落实人向发出订单的人报告，发出订单的人有义务确认内容是否无误。

所谓验收，就是对交付指示做出确认。而交付指示就是①把什么、②多少个、③送去哪、④到什么时候交货的命令。而且，货物送到后进行从①到④的确认就是验收。一旦盖上验收印章就是"证据"生效了，这是交付货物了的分包商的债权证明。只不过这是赊款，还构不成债权。

那么，在交付阶段如果发生数量等条件不一致的情况，应该怎么办？

先开一个临时收据，把货物接下也可以，不过要向对方确认好"剩下的产品什么时候送来"。这种情况下，由于还没有彻底完成交付指示，也没有产生债权问题。但只要把剩下的数量送过来，就有债权问题了。

但是，不确认发单数据，直接对照现货和交付方制作的发货单，很多企业把这个叫作验收。我想指正的就是这一点。

此外，有的企业会把事务手续以及电脑问题等借口作为理由，第二天才把收据交给对方，有的企业甚至到月底才送出。直白点说，这个就是滥用自己的优势地位，如果被供货商起诉的话，就会被立刻红牌罚下。

此外，还有的企业在接收货物之后，把已经盖好了收货印章的证据交到了对方手上才开始检点货物是否有不良品。这也是不合情理的。确认好品质之后再盖章才是正确的。

为何会出现这个不合乎常理的现象呢？因为，他们一次性接收了大量的货物。如果导入后补充机制，保持有库存的状态，那么，在这个期间内供货商就可以制造下一个批量的产品了。还有，在交付前一个批量的产品的同时，会收到新批量产品的样品，然后对照样品进行品质检查，发出品质保证书。即便是同一个商品号，如果批次不同，应该每次都要进行检查。也就是说，旧批量的产品出货完毕，接收新批量产品的时候说明"现在进入仓库的是新一批产品，母公司那里也进行了品质确认"，然后提交品质确认书的复印件就可以了。

由于验收这个动作，供货商有了债权，收货方有了债务。这些都是金钱上的来往，本应该非常慎重地对待，但实际上行事潦草的企业非常多。原因在于，零件的交付管理非常松散。如果验收作业都非常马虎的企业，库存管理也不会多么严谨。

要注意报表管理

前面一节介绍了订购、验收的有关事项，再把话题向前延伸，我们来探讨一下关于发货单、订货单等报表类的管理疏漏。

很多企业会制作报表，上面记有零件单价、数量，可以算出报表上的总金额。实际上这个举动非常危险。工厂里的接收货物部门会有很多公司以外的人进进出出。如果一不小心看到了这些报表，会怎么样呢？就好像我们旁边就放着竞争对手的零件，然后上面还写着价格。购入价对于企业来说是高度的机密。不应该随随便便写进报表里。此外，如果写了价格的话，每次的订购以及交付行为都会被视作独立的契约，有可能成为印花税的缴纳对象。

很多情况下，事务部门为了自己管理方便，会不停地要求大家制作报表，但并不对账面数字进行确认。即便是在现场指导改善的时候，我也经常会被吓一跳——"为什么现场有这么多的文件和票据?!"都是些毫无意义的报表。在过去如果发生了纠纷，为了找到对应办法会找出很多资料，上面写着商品号、制造年月日，但这些资料几乎对任何人都是不可见的。站在管理层的立场上考虑，如果发生了问题而实施某些管理手段的话，作为陈述依据的材料就是报表。出于这个目的就让作业者填写谁都看不着的报表实在太浪费时间了。

看似简单的验收作业和报表类管理，其实非常重要。在诊查企业状况的时候，如果能检查这些报表票据的话，也很容易把握这家企业的库存管理能力。

▌第六章要点

- 专用品也能和通用品一样实现立即交付
- 母公司会影响分包商的工作情绪
- 通过报表管理方式了解企业实力

短交付期才能让顾客得到最大的满足

向寿司店学习"中间库存"

在第二章我介绍了销售三要素，其中有一项"销售时机"。所谓的"时机"，就是交付期。我认为，不论什么产品只要在最短期限内交货就是最大程度地满足了顾客。把这个思维当作原点，实施从生产到物流、销售的一系列改革，就是我的工作。

能够理解丰田生产方式精髓的人会把自己的企业塑造为"寿司店"一样的制造业。坐在吧台上的顾客点好菜品不用等待，就会看到自己想吃的料理一个接一个地上来了。也就是说，**顾客如果下了订单要某个产品，可以立即买到或者可以立刻收到**。

为了将其变为现实，必须在备货区保有适量的库存，做到对顾客的要求响应如流。寿司店里有一个名字叫"金枪鱼身"的中间库存，按照顾客要求，切成刺身，卷成葱花金枪鱼或者做成握寿司。

遗憾的是，即便是在丰田，也把这一套生产方式的"精髓"渐渐抛诸脑后了。对于新车的订单经常拖到3个月后。工厂想通过"just·in·time"应对，但从顾客角度来看完全没有"just·in·time"的痕迹。

在第七章中，会通过案例来说明短交付期是多么重要，并且重点在什么地方。

交付期有两种

原本根本性的问题在于"交付期"是什么？我们经常使用"交付期承诺"这个词，但往往没有思考"交付期"这个词的真正含义就这样脱口而出。

我认为"交付期"有两个含义。一个是"点交付期"，一个是"最终交付期"。虽然一般的企业很少听到这两个词，但最好区分这两个词的含义。

所谓"点交付期"，就是"just·on·time（同期化生产）"。是指按照指定好的日期交货。"最终交付期"就是"just·in·time（准时生产）"，最晚在特定的时间之前交付的意思。比如"1月23日"是交付期，前一个是"恪守1月23日（上午10点之前）"，是一个时间点的概念；而后者的范围更广，"1月23日之前必送达，不过更希望你们在20日到23日交付"。

一般来说，说起交付期，很多人会觉得是"点交付期"，实际上在商业各界"最终交付期"更为普遍。而且，大家应该弄清楚这两个概念的差异。因为，在很多情况下因为这个交付期的差异，生产、发货的方式也会发生变化。

不要混淆"点"和"最终"

一家从事日式仙贝在线销售的企业可以帮助我们更好地理解这个问题。

这家企业的生产线非常规整严谨，当天接到了订单就可以立即生产。不过，让这家企业达到瓶颈的问题是，管理部门非常在意——"交付期当天把货物交给顾客，真的能提升顾客满意度（CS）吗？"

15 年前，网络订单还不那么流行，当时主要的订单形态是"明信片""传真""电话"三种。电话订购的时候，顾客直接让接线员填写订单，企业也可以直接和顾客确认交付期，但约 8 成的明信片和传真订单中"顾客希望的交付期"一栏一般都是空白的。所以，经常是十几位接线员坐成一排给顾客打电话确认期望交付期。如果是白天不在家的顾客一般都会打好几次，直到弄清楚顾客期望的交付期，才开始对工厂下达生产指示，但此时已经差不多快到交付期了。

但是，请大家思考一下。对于这些司空见惯的仙贝等产品，顾客不写交付期的话外之意当然是希望企业尽量立刻交货的意思了。反之，如果是写明交付期的顾客，应该是指定日期以外

175

长期不在家的，或者作为赠品当天一定要使用的等一些情况。

也就是说，这家仙贝制造企业把期望"点交付期"和"最终交付期"顾客搞混了。而且把所有的顾客当作"点交付期"来处理才让接线员频繁地打电话确认交付期，还把工厂的管理工作复杂化了。

然后，我把订单的文书格式通通进行了修改。把一直以来的"期望交付期"一栏改成了三个选项，让顾客在上面画圈。

① "企业自定发货期"，还附加了"接到订单后，会在数日内送到您府上"。这是普通生产体制下就能应对的情况。除了中元节、年末等赠送礼品的节日之外，都能在两到三天送到。

② "特急订单"，就是"接到订单时立刻发货"。

③ "指定发货期"，让顾客填写自己期望的日期。

而且会在选项栏下面添加一句话："如果①②③都没有写的情况下，公司会统一进行'①企业自定发货期'的处理。"

印刷完订单文书后，我观察了顾客希望的发货期，意料之中的是90%以上的订单选择①企业自定发货期，选择② "特急订单"和③ "指定发货期"的顾客尚不足5%。

这样的话，工厂按照自己现有的生产能力就足以应对所有的订单了。不需要事无巨细地管理发货期，或者根据发货期下达生产指示，只要按照订单顺序发货就足以应对所有顾客需要了。而且，只要弄清楚顾客期待的发货期，就能省去很多白领无谓的工作了。

但是，听说了各项变更的总经理顽固地说："你这是在做什么？为了顾客制造，为了顾客送货，在顾客期望的日期送达，这才是我们公司的 CS！"

这位总经理还是希望问清楚顾客的期望发货期，并准确地在当日发出，坚持认为自己原先的做法是正确的，而且寸步不让。我反驳他说："从订单状况来看，几乎没有顾客希望一个非常精确的发货日期。如果硬要一个精确的日期，只会增加无谓的工作。"

这家线上销售公司做的是接单之后再进行生产的"接单生产型"业务，所以管理部门一定要有一个详细的发货日期，才能向工厂下达生产指示。但是，应该把发货日期交给公司自己处置，只要做到这一项就能让工厂的生产能力提升一个台阶。更改后的成果大家都有目共睹，总经理也终于理解了。

明确优先顺序

濒临破产的大阪大型汽车销售店，通过改进自己的发货日期概念，提前发货期之后，相关的一系列工作都有了改善，经营状况也逐日得到了改善。

通常，销售门店的销售负责人会问清楚每个到店买车的顾客，他们需要什么车型。这时，销售店筛选出的规格（性能以及型号）多达 100 种，是一个非常庞大的数字。当然，一般情况下门店的库存里没有正好符合这个规格的车型，要向制造商发出订单，所以此时不可能立刻给顾客交车。如前所述，汽车销售如果能像寿司店一样就非常理想了，最好可以立刻响应顾客的订单。

但是，一般的顾客只对汽车规格中的 3~5 项非常在意。之所以会下达超过 100 项的生产指示，是因为销售把顾客并不在意的规格强迫式地问出来了。但实际上找好优先顺序，才对顾客更有好处。比如说，空调销售店的销售员乘坐的业务专用车，由于夏天处于业务繁忙期，没法修理故障的车辆，这个时候必须买一台新车。对于这样的顾客来说，这是一种非常规事态。他们肯定想要买一台税费、燃油费等维持费用低，而且立刻可以使用的车辆。这个时候，排气量的大小之类应该不是最优先要考虑的。

关于车身的颜色也是一样，专门指定白色的顾客意外地少。最多是"嗯，白色也可以吧"或者"不喜欢红色黄色之类显眼的颜色"。考虑至此再进行取舍，哪怕要求再苛刻的顾客，指定的规格也不过 10 种。

判断出顾客真正需要的规格种类，再去找库存，就会发现很多情况下都有合适的车型。这样一来，销售负责人可以和顾客进行交涉："如果是这台车的话，您立刻可以提车。之后只要提交车位证明和申请车牌的手续就可以了，最晚下周末您就可以开到汽车。"只要转变商谈的方式，剩在库存里的车就会一台接一台地卖光，变成流动的资金。一直以来延期大概 3 个月才能交货，现在接到订单后只需要一周左右，已经是一种接近立刻发货的形式了。

强化这个商谈流程的是新旧车换代的时候。产品更新时期，有很多经销商也期待早日发货所以会提前订购大约 100 台汽车。但是，正如前面所述，如果要吻合 100 项的规格的话，依靠在库车辆是不够的，所以时常发生延期发货。

而且新车换代时行情看涨，门店不会打折出售。此时对于特意到车展看车并愿意支付高价的顾客，我们往往会觉得他们

"对汽车比较在意，也会对汽车的各项规格在意，所以我们销售方面不能对他们的购买进行诱导"，也可以说这是一种固定观念。

　　不过，实际上如果尝试着进行过销售诱导就能明白，是这个常识违背了现实。也就是说，在新车上市时来买车的顾客确实对车比较熟悉，不过最主要的原因是，在别人开到新款车之前自己想先大家一步拿到新车。也就是"能快点开到车"这一点非常重要。可以对这些顾客说"下周就能开到新车了"，暗示交付期短实际上是非常有效的销售诱导。

"交付期提前"不会对任何人造成困扰

随着商谈方式的转变，这家汽车销售公司下达了"提前交付期"的指示。

订货单上写着期望交付期以及约定交付期等内容。新车订单大约需要延期 3 个月才能交货，虽然实际上可能会比期望交付期提前 2 周左右，但很多销售负责人会考虑到意外风险故意把这个时间段弄得很模糊。但是，下了订单的顾客会希望尽早坐上新车也是人之常情。

我费尽口舌想要说服负责人："如果是可以尽快交货的汽车，就尽量把这些车的交付期提前吧。"

但是，销售负责人反驳我说："也不是不可以，但比起告诉顾客现在就能提到两周后才能交的车，我们认为这样说更稳妥。"

我给出了这样的建议：

"因为您是非常重要的顾客，如果我们告诉工厂务必按工期交货的话，一般都会比预想当中早——如果这样对顾客说呢？"

谁也没想到，顾客知道了可以早提到车之后非常开心，居然自己到店里拿车了。

交付期提前，没有带来任何不便。这是与人方便，与己方便的事情，不仅可以给顾客带来惊喜，销售员也会得到好处。

新车换代的时候，也是销售门店的繁忙期。也许平时一个月只有 3 个订单的销售员这个时候也能拿到 10 台，不过如果按照一直以来的销售方式的话，发货期就会一直拖延。比往常拿到更多订单确实是可喜可贺的，但这种新车效应最多持续 3 个月。在这个效应结束之时，交付期拖延的订单也差不多完成了，然后又开始这一次的交车作业环节。这样一来，这次的新车销售又成了一桩敷衍了事的生意。平均一下销售总额，会发现被新车效应欺骗了，订单并没有增加多少。

如果在这个节骨眼上做到"当月接单当月交车"的话，业绩管理也就方便多了。不过，因为无法从"新车销售时期的订单都会在 2~3 个月交车"的"常识"中脱离出来，才陷入了这样的恶性循环。

不知是幸运还是不幸，我指导的这家门店濒临倒闭的危机，所以门店也抱着死马当作活马医的态度接受了改善。经过努力，当月接单、当月交车也成为可能。这样一来，销售公司的库存周转率得到了提高，资金回笼也更快了——实现了良性循环。

"可视化"和"标准化"的协同效应

通过加快车检的速度，也就是"车检的交付期缩减"，门店的业绩可以得到更大的提升。我在丰田生产调查部的时候，与服务部一起合作过一个项目。

车检服务是门店业务中收益率较高的一项业务，所以一直和市里的维修厂商竞争着车检服务权。如果可以加快一点速度，委托丰田的车主就会增多。通过加速业务办理提升服务体验度，会让顾客在下次购车的时候第一个想到丰田。

当时，车检大概需要 3 天的时间。比如，周一早上接到车，在门店的服务工厂进行检查，然后会在周三的晚上返还给顾客。如果接到车当天就能完成车检，顾客会多么高兴啊，丰田也考虑到了这一点，便开展了这样的合作项目。

首先是试验阶段。先让东京范围内的门店率先进行改革。因为东京市内的土地价格高，所以门店的事务办公室在大楼的 2 层，维修工厂在 3 层，4 层以上都是停车场。进行车检的车是乘电梯上来的，但由于是在上午一起进来，所以停车场的空位不足。

不过，如果留意时长为 3 天的车检的话，就会发现车"放置"的时间比意料中的长。实际上花费在车检的"实际操作"

的时间特别短，在大楼内移动、存放的时间太长了。当天交的车一股脑地停进来，两天后的下午再一股脑地开出去，停留的时间太长车检作业也没有紧迫感。而且，入库和返还的高峰时期，大家都分不清哪一辆在等待车检哪一辆已经车检结束，到处是一团乱麻。

因此，在车检环节中也导入了后工序取走的概念。一台车检验结束下一台车立刻上来。

首先要改变"一起入库，一起出库"的现状，取回以及返还的时间按照每个顾客的需求进行调整，不在早晚时间段集中处理。而且，入库的汽车现在进行了哪些步骤都要有明显的标识，以明确哪些车是在车检中的。

总之，要以"可视化"和"标准化"为目标，改变车检环节的流程。

只要做到这一点，就可以在不增加人员等成本的条件下半天之内结束车检，从结果看，车检台数增加，为门店收益率带来贡献。现在看来是理所当然的事情，可是放在当时是跨时代的变革。

缩短交付期不仅在制造工厂有效，甚至服务领域也有效，还会提升顾客的信赖度。所谓好的服务，并不是店员的遣词造句或者礼仪，也不是给顾客打折。"快速响应"对于卖家和买家来说才是最有利的，也是最大程度的服务改善。

把等待两个月变为两天

某家照明用具的制造商的案例也有力证明了短交付期可以赢得顾客的信赖。

在大楼建筑现场之类的场所会用到某种特制的照明器具，从接单到发货大约需要两个月。经过一场大改革，这家制造商实现了接单两天后就可以把货物交到顾客手里。

实现这个改革的关键在于，推进设计和零件的通用化。为了实现短交付期，不仅需要在生产以及销售现场等层面凝聚智慧，还要从大的源头也就是设计上下足功夫。

在大规模的大楼建设工程中，施工方有总承包人，下面还有转包人、分包商，实际上建设大楼的是施工店。

通常，首先施工店要去照明用具的销售门店或者代理店咨询交付期。在大楼设计图上有一些大致的数据显示出需要的明亮度、耗电量，以及大小等信息。根据信息，施工店和销售门店再商讨哪些商品比较合适。如果没有符合要求的规格就按特制品生产，制造商提交给施工店照明用具的设计图（确认图），再由施工店定夺是否采用。

在这种多层次的工作流程中，需要按照一定的步骤进行，光设计图一项就需要花费两周时间，然后还要试着看看能否应用于生产，最后获得总承包人的认可，经过这样的过程直到交货为止需要将近两个月时间。

但是，这家照明器具制造商想要让设计师参与进来，一起响应立即交付。比如说，如果确认函的委托在周一送来，星期二不仅会把模块化的设计图用电脑组合在一起，还会把样品制造出来。然后，星期三的时候设计师和销售负责人拿着确认图和样品一起拜访发订单的施工店。

意料之中的是，施工店的负责人非常惊讶地说道："确认图能在两天后送到已经很惊喜了，居然连确认图上的样品也送来了，太谢谢了。"

这位负责人立刻报告给了总经销商，总经销的负责人立刻赶到了现场。然后他对着样品说："但是，这个 LED 灯有点暗啊。有没有稍微亮一点的呢？"同行的设计师说："可以替换成更亮的灯具，今天是周三，我会在周五之前送来亮度更高的产品。"

如果按照这样的快速响应方式，虽然没有提交正式的报价书，但对方负责人还是打来电话说："订单差不多就交给你们了，请放心吧。"决胜招数就是交付期。原本两个月才能完成的工作，现在只要两天。

如果没有设计师只有负责人去现场的话，还要回来和设计师沟通，也许还得多花两三天。正因为设计师也一起去拜访顾客，才能和顾客在现场直接应对沟通。

投产准备期的本质是？

短交付期就是最大的顾客满意度，如果能考虑到这一点，实现开发、生产、销售一体化工作模式，就会给公司带来更多成果。

这里有一个问题。零件以及材料的"投产准备期"。即使能够立即响应顾客的订单，也能立即设计生产，但如果材料不能实现同步、持续短期交付的话，产品还是无法迅速完成。

在制造业的世界中，经常能听到缩短"投产准备期"。那么，这个投产准备期究竟是什么呢？这一点是本书的关键，所以请各位认真考虑。

业界有很多人会认为所谓的投产准备期，就是"订购材料，把这些材料组装为成品，直到交付给顾客为止的这段时间"，但我有不同的观点。套用我们日常生活的经验的话，"投产准备期"就是"顾客从下订单到拿到产品的那段时间"。

比如说，快餐厅就是一个典型例子。在车站附近的立食荞麦面店会这样点餐："老板娘，天妇罗荞麦面一碗。快点上。"但是，怎么等都等不来这碗饭，你这时候去后厨看看老板娘在做什么，发现她正在和面。即使这位老板娘非常自豪地说："现和面、揉面、煮面更好吃哦。"这样的立食荞麦面店谁都不会去的吧。

牛肉饭的经营理念也是"快速、便宜、美味"。最快的时候点餐之后一分钟以内就能端上来。谁都不会去吃让人等十分钟的牛肉饭吧。牛肉饭的主要"材料"是米饭、葱和牛肉，然后把食材炖煮成甜辣口味。牛肉饭的投产准备期是指，把白饭盛在碗里，然后盖上洋葱和牛肉，端上餐桌的这段时间。如果接单再烹饪的话就太慢了。

不论是工业制品，还是立食荞麦或者牛肉饭，都要建立一种机制，接到订单后立刻可以交付产品。而且，只要大家想做就能做成。能够将其付诸实行的制造的基本法就是前面一直阐述的设置"备货区"，导入后补充机制。

但是，往往把调拨零件需要时间当作借口，没有建立立即交付的体制就走到了今天。这种情况就像牛肉饭专门店对点了餐的食客说"正在饲养肉牛，请再等几个月"或者"米正在种，请您等到秋收的时候吧"。

即便是日本知名的制造商也有这样的问题，比如 2~3 天就能立即交付的产品，偏偏要不管不顾正常的调拨以及生产现场的工作流程，不痛不痒地对顾客说："交付期要花两个月。"每每听到这样的说法，我都会忍不住笑出声来。

为了更好地理解什么是投产准备期，缩短准备期让产品出库，最好制作"物品和信息的动向图"。所谓的"物品和信息的动向图"就是把现实中的工作走向和理想中的工作走向进行比较的图。自己调查自己绘制，让问题点浮现于眼前，这就是"可视化"。还能明确负责人、厂长以及经营者们的责任划分。

在制图过程中，会出现很多各种各样的意见，比如"这个通用品的调拨怎么要这么久"或者"这个问题就用库存来解决吧"。总之，要实现理想的工作流程，就先开动脑筋思考怎么办才好。"物品和信息的动向图"就是为了共享问题点，为我们应该从哪里下手攻克这个问题提供思路。如果按照这样的工作方式推进下去就会发现，一直以来大家觉得理所当然的"常识"中有很多都是错误的，只要在这一点上下到功夫就能改变现状了。

▎第七章要点

- 要注意交付期中"点交付期"和"最终交付期"
- 为了实现短交付期，设计师也应该参与其中
- 工业制品也好，牛肉饭或者立食荞麦面也好，都应该朝着立即交付努力

190

后　记

　　本书中介绍的内容都是我作为顾问指导时积累下来的经验。如果说重点是提高制造现场的效率，让业绩得以暂时性的提高的话，那未免太徒有其表了。只要是一家企业，它的制造现场就只是一个重要组成部分。只有与设计、调拨、物流、销售等部门互相切磋、互相配合、践行改革，才能真正提高业绩。因此，不要被从前成功的经验束缚手脚，必须从零开始审视企业的工作方式。

　　这句话说起来非常轻巧，但实践起来阻碍重重。因为，要改变迄今为止企业内部的架构，会带来暂时性的痛苦，也会有负隅顽抗的顽固派。

　　但是，我坚信只要忍耐一时之苦，就能让企业具备全新的组织架构，就能使企业轻松地获得稳定收益。

　　这才是真正的转型。至于能否成功，还要看企业领航人有没有具备恰如其分的经营哲学。

　　我不仅仅在传授实用的技术方法，更希望在组织中营造一种更适于转型的氛围。所以，在指导过程中时常会与抵抗势力抗争。

在考虑"转型"重要性的时候，是太平洋战争给了我一点启发。日本海军在突袭珍珠港的时候，联合舰队以航空母舰为中心活用了航空战术，这一点令美国十分震惊。这也是顺应军费缩减而进行的策略。由于军缩条约，世界范围内的战舰制造都受到了制约，然而当时的日本没有成为制约对象，一直在强化空中作战能力。从结果来看，"海军活用空中战斗力"的战术诞生了。抛弃了一直以来坚船利炮的常识思维，产生了新的海军战术，这一点日本也是处于无意识状态的。军队的领导层面并没有意识到这一点，反而是被痛击了的美国发觉到了。

美国加快了新型战机的研发，以对抗日本零式战机。结果，在太平洋战场上，美国的航空技术得到了强化。反而是理应转型的日本，依旧坚持传统，或者说继续固守坚船利炮主义的常识。

类似的事情在企业中层出不穷。有很多企业即便是导入了新的手法，到了开始收获成果的时候，还是没有认识到这是事关转型的大变革，结果一点点地返回了原点。书店里的相关书籍琳琅满目，专业的顾问们也忙得不亦乐乎，虽然很多企业都通过各种途径导入了丰田生产方式，但还是难以获得成效。这是因为，它们始终在进行没有转型的改善活动。

丰田生产方式的精髓就是要让企业内部风云巨变，来一场

巨大的转型风暴。在本书中也数次提到了我的父亲喜久男是对
丰田生产方式诞生做出贡献的人员之一。写书的过程中我又一
次回顾了父亲他们做过的事情，他们在没有模板、没有理论支
持的环境中不停地摸索尝试。在丰田公司内部也遭遇过数次的
不理解、不支持、不配合的状况。我认为正是经过暴风雨的不
断洗礼，丰田生产方式才得以淬炼成钢。

　　每次发生问题的时候，我们应该拼命思考最佳对策，并付
诸实践，然后将其普遍化。如果又发生新的问题，也可以否认
普遍化了的思维方式。这些先辈在实践中发现、构筑起的原理
和原则，不正是后来经过理论化的丰田生产方式吗？

　　即便是我也会时常自省：我现在做的事情是正确的吗？也
许对于父亲他们来说，我的水平还远远达不到及格线，但每天
都在以自己的微薄之力指导企业，帮助他们实现企业内的转型。

　　我之所以能将自己多年的经验集结成册，都得益于当时选
择丰田作为社会人的第一步，在那里很多前辈教会了我一个道
理——自己在摸索尝试中开展工作是一件多么可贵的事情。所
以，一直非常感谢丰田给了我如此宝贵的学习机会。

　　此外，作为顾问独立之后，包括现在的顾客企业在内，我
和大家一起在现场挥汗如雨致力于改革事业，在进行指导的同
时，我也获益颇多。因此，我由衷感谢和我在现场一起努力、

一起谋求转型的工作人员。在我曾指导过的企业中，继续实践我所传授的经验方法，即便成为公司内部的少数派，也为了转型积累实践经验而不懈努力的志同道合的朋友们，我在这里为你们加油喝彩。

最后，在本书出版之际，给予我很多建议的文春新书编辑部的岛津九典先生以及记者井上久男先生，请允许我在此致谢。

2014 年 12 月

铃村尚久

解说后记

井上久男（记者）

1995 年 8 月 16 日，那时我还在朝日新闻社工作。这一天我在晚报的一个版面（名古屋版）发表了报道《摒除无用功的丰田"看板方式"是军用机生产的原动力?》。当时的我还是一个青涩的"经济部一年级新生"，以此为契机的 20 年以来，我一直在关注丰田。

某日上级对我下了命令："现在恰逢战后 50 年，你去采访一下丰田汽车的'看板方式'的起源吧。"这道命令就是采访的开端。实际上，上司手上有一则消息，据说"战争时期，三菱重工的军用机生产就引入了与'看板方式'相类似的生产体系"。这则消息出自一家零件制造商的经营者，为了采访他我踏上了去爱知县冈崎市的旅途。

这位经营者在战争时期曾经在三菱重工名古屋航空制作所（现名古屋航空宇宙系统制作所）工作过，因此不仅可以提供给我们珍贵的历史资料，还介绍了相关人士。这个过程中我认识了重新规整军用机生产体系的重要人物，也是一位技师。

采访当时他已有 80 岁的高龄，据他说，这个生产体系被称作"前进作业方式"，1942 年（昭和十七年）正式应用于生产。组装飞机的工厂中是将作业工程分割开来的，经过一段时间，就移动到下一道工序，是一种流动式的作业方式。因此，工厂要使用秒表来计算作业中的必要时间，然后进行彻底的分析。为了做到不是熟练工也可以轻松作业，开始推进作业标准化，在一边旁听的我也不由得感叹"是他们先采用了丰田的方式啊"。

随着采访的深入，我知道了在导入"前进作业方式"以前，飞机的主要生产方式是把零部件集中在一个地方然后组装的"集成装配方式"。在"前进作业方式"中，装配工序是"后工序"，按照这个后工序的要求，零件会在必要的时间流动进来必要的量，因此，传票也需要重新制作。这说明此时的工厂已经导入了丰田生产方式中的"后工序取走"的类似概念了。

得益于导入了这个生产方式，军用飞机的生产能力提升了 10 倍之多。1943 年（昭和十八年）这些技师得到了表彰和奖金。

在战后，同在名古屋的三菱重工向丰田传授了自己的诀窍——在这样的假设下，我开始探访丰田生产方式的"源头"。那时我采访的对象是本书作者铃村尚久先生的父亲，喜久男先生。他作为丰田生产方式的开创者——大野耐一先生的"左膀右臂"，担任"实行部队长"的角色。我给喜久男先生看过相关资料，告诉他相关人员的证词之后，他感叹道："这件事我也是第一次听说，三菱的着眼点果然非常敏锐。传票的流动也和'看板方式'非常接近。当时的三菱如果是相扑选手中的'横纲'的话，丰田也不过是'前头'一样的水平了。"

之后，我还采访了熟知生产技术历史的学者，也就有了开头我提到的那篇文章。我在报道中对世人所认知的丰田大胆地提出了自己的见解"丰田生产方式的源头是自动纺机的生产"，到现在我还记得这篇报道在学者专家中间激起了不小的波澜。这是我关于丰田报道的处女作。

发表这篇报道后一年左右，也就是 1996 年秋天，我接到了经济部员兼丰田市分社员的任命，开始埋头于丰田的采访。我在丰田市租住的公寓离喜久男先生非常近，所以，多次登门拜访并听到了很多关于丰田生产方式的历史。

"总之战后的经济危机是因为丰田没有钱了，不得不开源节流。当时的'看板'都是冲压工序中淘汰出来的边角料，用油漆涂上颜色。"我现在还记得喜久男先生和我讲述这段历史的情景。

虽然喜久男先生早已从丰田退休，但还是感叹着："现在的丰田生产方式，和我那个年代大不相同了。"作为一个典型事例，喜久男先生给我讲了他在东名高速看到了丰田销售公司的仓库的事情。原本应该极力削减库存的丰田，仓库中却堆积如山，看到这一幕实在是"讽刺"。喜久男先生并没有用什么高难的词汇，一边给我举例一边讲述丰田生产的本质，像我这样的门外汉听来也丝毫不费力。

喜久男先生在丰田时代，和丰田名誉会长张富士夫以及原大发工业社长箕浦辉幸一起帮助丰田走向了辉煌，是一位功勋赫赫的"师匠"。同时喜久男先生也是一位非常有名的"铁腕派"。如果不按他下达的指示做，很有可能一个不明物体会砸到你头上。张富士夫就任社长后的 1999 年 7 月，在公司内部刊物上发表的文章中写道："在这么多年的公司生活中，最令我印象深刻的还是遇到铃村先生的那一刻。他教会了我太多东西。"

随着采访喜久男先生越来越频繁，他把自己的长子铃村尚久先生介绍给了我，从那以后我们私交甚好。尚久先生也继承了父亲的天赋，非常重视丰田生产方式的本质课题，也在各个方面给予企业经营指导。

在本书出版之际我在企划、执笔等方面给出了一些协助，因为虽然有许多企业以及组织也在学习丰田生产方式，但没有任何一家有超越了丰田的表现，对此我深感困惑。经常能看到企业支付着高昂的顾问费用，还是收不到任何成效。

也是一个偶然的机会，我和铃村尚久先生交换着意见，终于发觉我的问题意识和他的问题意识重合了，随后我们把这个想法不断加深。

在今天这个社会，正因为有太多的经营顾问没有理解丰田生产方式的本质就贸然指导，我们才需要坐下来重新审视丰田生产方式的历史和真髓——这就是本书企划的出发点。

尚久先生是一名顾问，也继承了喜久男先生的思维和"丰田生产方式"的源流。他坚持着应该保留的传统的同时，不断地适应时代加以改良，可以说他的血液中流淌着丰田生产方式的 DNA 了。

兼任销售的经营顾问们在媒体闪亮登场似乎已经是一股潮流了，但尚久先生一直坚持着"经营顾问是幕后"的哲学，对于在公开场合下发表言论非常慎重。但是，这一次他终于下定决心要讲出自己的毕生所学，我也确信如果有人能把丰田生产方式的本质向世人传播，让所有的企业传承下去，非铃村尚久不可。

东方出版社助力中国制造业升级

定价：28.00 元

定价：32.00 元

定价：32.00 元

定价：32.00 元

定价：32.00 元

定价：32.00 元

定价：30.00 元

定价：30.00 元

定价：32.00 元

定价：28.00 元

定价: 28.00 元

定价: 36.00 元

定价: 30.00 元

定价: 32.00 元

定价: 32.00 元

定价: 32.00 元

定价: 38.00 元

定价: 26.00 元

定价: 36.00 元

定价: 22.00 元

定价: 32.00 元

定价: 36.00 元

定价: 36.00 元

定价: 36.00 元

定价: 38.00 元

定价: 28.00 元

定价: 38.00 元

定价: 36.00 元

定价: 38.00 元

定价: 36.00 元

定价: 36.00 元 定价: 46.00 元

定价: 38.00 元 定价: 42.00 元

定价: 49.80 元 定价: 38.00 元

定价: 38.00 元 定价: 38.00 元

定价: 45.00 元 定价: 52.00 元

定价: 42.00 元

定价: 42.00 元

定价: 48.00 元

定价: 58.00 元

定价: 48.00 元

定价: 58.00 元

定价: 58.00 元

定价: 42.00 元

定价: 58.00 元

定价: 58.00 元

定价: 58.00 元

定价: 58.00 元

定价: 58.00 元

定价: 58.00 元

"精益制造" 专家委员会

金　光　广州汽车集团商贸有限公司高级主任

姜顺龙　中国商用飞机责任有限公司高级工程师

张文进　益友会上海分会会长、奥托立夫精益学院院长

邓红星　工场物流与供应链专家

高金华　益友会湖北分会首席专家、企网联合创始人

葛仙红　益友会宁波分会副会长、博格华纳精益学院院长

赵　勇　益友会胶东分会副会长、派克汉尼芬价值流经理

金　鸣　益友会副会长、上海大众动力总成有限公司高级经理

唐雪萍　益友会苏州分会会长、宜家工业精益专家

康　晓　施耐德电气精益智能制造专家

缪　武　益友会上海分会副会长、益友会/质友会会长

东方出版社

广州标杆精益企业管理有限公司

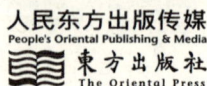

標杆精益®
BENCHMARK LEAN

人民东方出版传媒
People's Oriental Publishing & Media
东方出版社
The Oriental Press